罗远林

著

小学语文

合作学习的课堂教学
游戏与运用

中国出版集团　现代出版社

图书在版编目(CIP)数据

小学语文合作学习的课堂教学游戏与运用 / 罗远林
著. — 北京：现代出版社，2021.3

ISBN 978-7-5143-9022-3

Ⅰ.①小… Ⅱ.①罗… Ⅲ.①小学语文课—课堂教学
—教学研究 Ⅳ.①G623.202

中国版本图书馆CIP数据核字（2021）第039560号

小学语文合作学习的课堂教学游戏与运用

作　　者	罗远林	
责任编辑	袁　涛	
出版发行	现代出版社	
地　　址	北京市安定门外安华里504号	
邮政编码	100011	
电　　话	010-64267325　64245264	
网　　址	www.1980xd.com	
电子邮箱	xiandai@cnpitc.com.cn	
印　　制	北京政采印刷服务有限公司	
开　　本	710mm×1000mm　1/16	
印　　张	10.5	
字　　数	168千	
版　　次	2022年4月第1版　　2022年4月第1次印刷	
书　　号	ISBN 978-7-5143-9022-3	
定　　价	45.00元	

目 录
CONTENTS

第一章　汉语拼音教学

第二章　识字教学

第三章 词语积累教学

第四章　阅读教学

第一章

汉语拼音教学

一个走，两个进

【准备材料】

每个小组自备一套声母、韵母和整体认读音节拼音卡片。

【游戏做法】

（1）全班分为若干个小组，四至六人为一个小组，每个小组自备一套拼音卡片。先由学生A摆出三张拼音卡片，本组的其他同学在规定的时间内认真记忆这三张卡片分别是什么。

（2）本组的其他同学闭上眼睛，学生A悄悄地拿走一张拼音卡片，这时其他同学睁开眼睛，看谁最快猜出被拿走的卡片是什么拼音。

（3）第一轮拿走一张拼音卡片，被猜出来后，再放两张新的拼音卡片进去，由学生B悄悄拿走其中的一张卡片。

就这样，每名学生都要轮流拿走卡片，其他的学生猜。猜中的学生可以加1分，猜中的越多，得分越高，每个小组得分最高的学生可以得到老师的奖励。

小组游戏结束后，再组与组之间互相交换，合作完成。

【过程说明】

拿走一个，放进两个，越到后面，桌面上摆放的拼音卡片就会越多，猜的难度也就越来越大。教师可以根据小组的实际水平，限制桌面上卡片的数量，直到把所有的卡片全部猜完，再开启新一轮"一个走，两个进"游戏。

【合作要点】

先小组内合作，再进行组与组交换学习卡片，形成组与组合作，达到全班齐参与的效果。

【游戏目的】

记忆和念读声母、韵母及整体认读音节，巩固掌握拼音知识。

【适用范围】

适用于复习和巩固声母、韵母及整体认读音节的字形与读音。

传递指令

【准备材料】

教师准备好每个小组需要传递的拼音内容。

【游戏做法】

（1）全班分为几个小组，六至八人为一个小组，同一个小组的学生围坐成一个圈。

（2）学生A接到老师的指令后，在学生B的背上用手指写出一个声母、韵母或整体认读音节，学生B感知后，再在学生C的背上写下他认为对的这个声母、韵母或整体认读音节。

（3）学生C、D、E……一直轮流写下去，最后的那名学生大声地把他感知到的这个声母、韵母或整体认读音节读出来，让学生A判断是否正确。

就这样，每名学生都要轮着做第一个写声母、韵母或整体认读音节的人，另外的学生一个接一个传递，最后一名学生就大声地读出来。哪一组最快喊出正确指令为胜出。

【过程说明】

写的学生一定要把声母、韵母或整体认读音节写正确，写得大一点，写得慢一点。在传递的整个过程中不能出声，如有违规就算输。

【合作要点】

组内合作，组与组竞争，调动学生全员参与，懂得团结互助是成功的关键。

【游戏目的】

记忆和念读声母、韵母及整体认读音节，巩固掌握拼音知识。

【适用范围】

适用于复习和巩固声母、韵母及整体认读音节的字形与读音。

跳进跳出

【准备材料】

每个小组自备一套声母、韵母和整体认读音节拼音卡片。

【游戏做法】

（1）全班分为几个小组，六至八人为一个小组，每个小组的学生都排成一列纵队。

（2）老师分别在每个小组的前面地板上画一个圆圈，在圆圈里随机摆放一些字母卡片，如声母、韵母或整体认读音节。

（3）每组选出一个小组长，小组长读出圈内的其中一张卡片，队伍的第一个学生就要跳进圈里踩中那张卡片，再跳出来，回到队伍的最后排队，再次轮流跳。

（4）小组长读第二张卡片时，第二个学生跳进圈里踩中那张卡片，再跳出来，回到队伍的最后排队，再次轮流跳。

就这样，小组长不断地读，组员不断地跳和踩。踩中了小组长读的那张卡片，其他同学就大声说："对对对，你猜对啦！"没有踩中小组长读的那张卡片，其他同学就大声说："错错错，请你唱一首《拼音歌》！"唱完《拼音歌》，再请他回到队伍的最后排队，再次轮流跳。

【过程说明】

小组长可以轮流当，这样，每个学生都有读的机会，每个学生都有跳踩卡片的机会。误踩其他卡片的学生除了可以罚唱《拼音歌》外，还可以罚背所有的声母、韵母和整体认读音节。

【合作要点】

小组合作，培养学生遵守秩序和听从指令的好习惯。

【游戏目的】

记忆和念读声母、韵母及整体认读音节，巩固掌握拼音知识。

【适用范围】

适用于复习和巩固声母、韵母及整体认读音节的字形与读音。

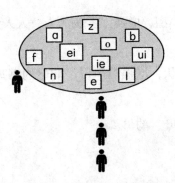

每个小组排成一列纵队，按顺序听从旁边的小组长的读音指
示，跳进圈内踩中相应的字母后跳出圈外

盲人摸象

【准备材料】

事先请全班学生每人在硬纸皮上画一个声母或韵母，并把它剪出来，即为
拼音模型。

【游戏做法】

（1）老师收集学生做的声母和韵母的剪纸模型，分四个箱子装好。

（2）全班分成四个小组，排成四列纵队，把箱子放在队列的前面，每个小
组的学生轮流用红领巾蒙住眼睛，然后从箱子里拿出一个拼音模型，用手去
摸，感受这个拼音模型的形状，然后大声地把这个声母或韵母读出来。

如果这名学生猜对了，其他同学就说："对对对，猜对了。"他就可以继续摸第二个拼音模型。如果摸错了，其他同学就说："错错错，猜错了。"他就要摘下蒙住双眼的红领巾，排到队伍最后去等待下一次机会。

【过程说明】

每个小组猜完后再交换箱子，让全班学生都有更多的机会感受声母或韵母的字形。

【合作要点】

人人齐动手制作拼音模型，增强"我为人人，人人为我"的集体合作观念。

【游戏目的】

感受声母、韵母的形状，增强对声母、韵母的书写记忆。

【适用范围】

适用于复习和巩固声母、韵母。

你做我猜

【准备材料】

教师准备一套声母和韵母的拼音卡片。

【游戏做法】

（1）教师拿出一张声母或韵母卡片，请学生A做出读音口型，也可以做一些提示的动作，但是不发出声音。

（2）全班其他同学认真观察学生A的口型和提示动作，猜猜老师拿的是什么卡片。

（3）猜出来的学生大声地读出来，让学生A判断是否读对了。

（4）如果猜中了，学生A会说："对啦对啦，就是……"其他同学跟着学生A齐读这张卡片，一边读一边书空。

（5）如果猜错了，学生A会说："错啦错啦，我再做一遍。"让同学们再重新猜一次。

【过程说明】

这个游戏也可以分小组进行，这样会有更多的学生参与到游戏中来。

【合作要点】

训练同学之间的默契合作，增强他们多去体会和感受他人言行及动作的意识。

【游戏目的】

让学生掌握字母发声的规律和方法。

【适用范围】

单韵母和声母的发声练习。

你摆我读，你读我收

【准备材料】

两个人为一组，每个小组准备一套拼音卡片。

【游戏做法】

（1）两个人一组，一个同学摆出拼音卡片，另一个同学读出拼音卡片。

（2）学生A每摆出一张拼音卡片，学生B用最快的速度把拼音卡片读出来。如果学生B读错了，学生A要帮忙指正。

（3）直到学生A把所有的拼音卡片摆到桌面上，学生B都读完，然后学生A把之前摆在桌面上的全部拼音卡片一张一张地读出来。学生A每读一张卡片，学生B就用最快的速度把这张卡片找出并收起来。

【过程说明】

教学声母的时候，可以只用声母卡片来玩；教学韵母的时候，可以只用韵母卡片来玩；教学整体认读音节的时候，可以只用整体认读音节卡片来玩；全部拼音都学完了，可以把声母卡片、韵母卡片和整体认读音节卡片放在一起玩。

【合作要点】

两人合作，培养学生互相帮助的习惯和共同进退的情感。

【游戏目的】

训练学生认真听他人读拼音，快速认读拼音。

【适用范围】

教学声母、韵母和整体认读音节。

我是邮递员

【准备材料】

三个纸箱，分别贴有声母、韵母、整体认读音节标识，成为三个邮箱。

【游戏做法】

（1）老师把三个邮箱都摆放在讲台上。

（2）老师手上拿着一套拼音卡片走到学生中间，把拼音卡片随机发给学生。

（3）学生一拿到拼音卡片就马上走到讲台上相对应的邮箱前面，面对全班同学把这张拼音卡片举起来，并大声地读一读，然后投入相对应的邮箱。

（4）如果投放正确，其他同学就跟他读。如果投放错误，其他同学就说："错错错，投错了。"这时，请最先举手的学生出来帮助这位读错的同学纠正读音和分类。

例如，老师拿着一张"zhi"的卡片，发给一名学生，对他说："你能当一次邮递员，送送信吗？"其他学生说："小小信件是谁的？"收到卡片的这名学生上台举起这张卡片说："zhi zhi zhi，是整体认读音节。"然后投到贴着"整体认读音节"标识的邮箱里。

【过程说明】

投完"信件"的学生把这张拼音卡片还给老师，老师再次把抽出的拼音卡片随机发给不同的学生。建议老师可以多发几次拼音卡片给那些拼音掌握得不太好的学生。

【合作要点】

敢于指正，互相监督、互相帮助，真诚对待有困难的同学。

【游戏目的】

帮助学生区分声母、韵母和整体认读音节。

【适用范围】

一年级学生认读声母、韵母、整体认读音节。

做三个大小一致、上端开口的纸箱，涂上不同颜色后分别
写上"整体认读音节""韵母"和"声母"

找朋友

【准备材料】

声母卡片、单韵母卡片。

【游戏做法】

（1）老师给每个学生都发一张声母卡片或一张单韵母卡片。

（2）每个学生拿着自己的卡片，去找其他同学做朋友，要组成整体认读音节才算找朋友成功。

（3）学生找到一个朋友后，还可以去找其他同学交朋友，看谁在规定的时间内交的朋友多。

例如，一个学生拿着"z"去找"h"和"i"交朋友，还要把"zhi"读准确才算交友成功。

【过程说明】

两名学生交朋友，要在老师面前读出这个整体认读音节，由老师判断是否正确。

【合作要点】

不分小组，自由组合，关键是互相配合。

【游戏目的】

巩固整体认读音节的记忆。

【适用范围】

整体认读音节的教学。

圆盘转转转

【准备材料】

老师给出转盘样式图片，请每一名学生按图示制作一个转盘（一枚钉子把一个大圆盘的圆心和一个小圆盘的圆心钉在一起，小圆盘可以转动。大圆盘的边沿上写有一圈声母，小圆盘的边沿上写有一圈韵母。转盘中心有一根指针）。

【游戏做法】

（1）两个人一小组，你转我拼读，我转你拼读。

（2）学生A先转动小圆盘，小圆盘的指针停到哪个声母和对应的韵母那格时，学生B就要大声地把这个声母和对应的那个韵母拼读出来。

（3）如果学生B拼读正确就由学生B来转，再让学生A拼读；如果学生B拼读错了，学生A说出正确的读音后继续转，学生B继续拼读。以此类推。

例如，学生A转动小圆盘，假如指针对着的小圆盘上的"a"停在了"ch"这一格，学生B就要把"ch-a-cha"拼读出来。

【过程说明】

大圆盘的声母和小圆盘的韵母之间还可以安排一圈其他单韵母，这样就可以组成三拼音节。

【合作要点】

两人小组互相配合、互相促进。

【游戏目的】

加强两拼音节和三拼音节的拼读。

【适用范围】

音节拼读的教学。

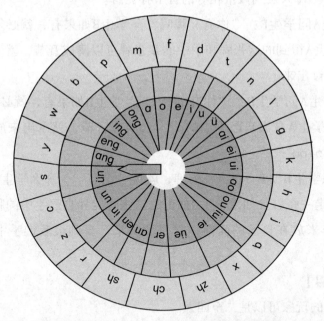

用硬卡纸或厚纸皮做一个半径约10厘米的圆盘，
为了方便辨认，每一个内圈要涂上不同的颜色

扑克牌大战

【准备材料】

制作好若干套音节扑克牌。

【游戏做法】

（1）全班分成若干小组，建议每个小组二至四人。

（2）洗牌。目的是使音节扑克牌顺序随机。

（3）发牌。每人发到数量相等的音节扑克牌。

（4）学生A问学生B："你有×牌吗？"学生B如果有，就必须把牌交给学生A。如果学生A得到的这张牌和手中的某张牌可以凑成音节，就出示这个组成的音节，并拼读出来。

例如，学生A问学生B："你有o牌吗？"学生B如果有，就必须把这张o牌交给学生A。学生A拿出自己手中的p，与o凑成音节，就拿出来放到自己的面前，并读"p-o-po"。

（5）如果学生B没有学生A说的牌，就说"没有"，那么学生B就要从学生A手里随机抽走一张牌。如果学生B抽走的这张牌能和自己手中的牌凑成音节，就把它们拿出来放在自己的面前，并拼读出来。直到最后谁手中的牌最快拿完，谁就赢了。

【过程说明】

扑克游戏的玩家可以是二至四人。

【合作要点】

建议四人小组比较好，互相配合，考查学生的合作能力。

【游戏目的】

音节拼读。

【适用范围】

音节拼读教学。

最强大脑

【准备材料】

每个小组自备一套单面的拼音卡片。

【游戏做法】

（1）六人一个小组，全班分为几个小组，每个小组自备一套单面的拼音卡片。

（2）把拼音卡片正面向下、反面向上摆放在桌面上，一行摆十个，摆六行。

（3）组员用60秒时间翻看并记忆自己那行拼音卡片。每个组员负责记忆其中一行拼音卡片。

（4）60秒时间一到就禁止看牌，每个组员按拼音卡片的顺序，从第一个报读至第十个。一边报读，一边翻拼音卡片以确定是否正确。正确率最高的学生获得"最强大脑"的称号，并获得老师的奖励。

【过程说明】

要求组员每翻看一张拼音卡片，就盖上这张牌，才可以翻看下一张，这样可以提高记忆的难度，更具挑战性。拼音卡片的内容可以是声母、韵母或整体认读音节，甚至是三连拼的音节等。

【合作要点】

六人小组合作，你帮我、我帮你，轮流帮大家分摆卡片，锻炼为他人服务的意识。

【游戏目的】

记忆和念读声母、韵母和整体认读音节。

【适用范围】

适用于复习和巩固声母、韵母及整体认读音节的字形与读音。

来玩飞行棋

【准备材料】

各个小组课前自制一个有音节的飞行棋盘、一个骰子。

【游戏做法】

（1）老师把全班学生分为若干小组，四人一个小组。

（2）一名学生扔骰子，骰子正面向上的点数就是棋子要行走的格子数。当棋子到一个格子时，学生A要把这个格子的音节拼读出来。如果拼读正确，棋子就可以停留在这个格子里；如果拼读有误，棋子就要退回原位。

（3）就这样，四名学生轮流扔骰子，按照骰子正面向上的点数，前进或后退这个点数的格子数。

【过程说明】

飞行棋盘的格子里可以写单拼音节、双拼音节或三拼音节。

【合作要点】

四人小组，培养学生遵守规则的习惯，增强互相配合的意识。

【游戏目的】

学习音节拼读。

【适用范围】

音节新授课或音节复习课。

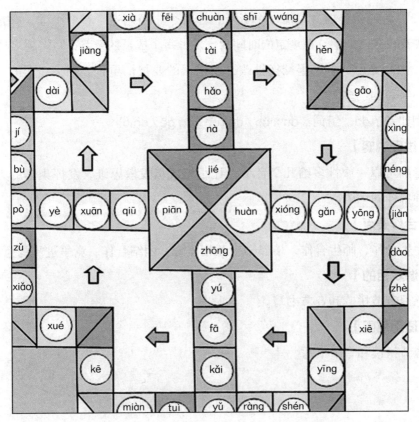

用一张纸（或卡纸）按图示要求画"拼音飞行棋盘"，
尺寸具体大小可以参照为30厘米×30厘米

合作组词

【准备材料】

每个小组一张白纸。

【游戏做法】

（1）建议六人为一个小组，全班分为几个小组。老师给每个小组分发一张白纸。

（2）老师在黑板上写出一个音节，让各个小组用这个音节组词，并把这个词的拼音写在白纸上。在规定的时间内，发挥每个成员的智慧，写得越多越好。

（3）写完后，各小组交换批改，有错误的要帮忙更正。除去错误的，看看哪个小组写的词多。

例如音节dà，组词：dà xiǎo / dà rén / dà gē / dà dì……

【过程说明】

老师可以一次性多给几个音节，让小组成员发散思维，发挥集体的力量组成各种各样的词语。

【合作要点】

生生合作、师生合作，培养学生互相监督、团结合作、竞争进步的意识。

【游戏目的】

练习音节拼读和音节书写。

【适用范围】

音节拼读和音节书写。

挑　战

【准备材料】

b、d、p、q、n、l、f、t卡片四份。

【游戏做法】

把学生分成春天、夏天、秋天、冬天四组（也可以分成五至六组，每组可以自己起名字），每组放一份b、d、p、q、n、l、f、t卡片，并选好组长。游戏开始前，老师可先指定每个小组的一名学生做组长，组长结合组员的意见决定要问什么、挑战哪一组等。然后，组长任意挑对手进行对决。如春天组组长说："冬天组、冬天组，请回答，像个'9'字是什么？"冬天组的所有成员就要说："像个'9'字q、q、q。"组员回答的同时，组长举起q。以能对上为赢，对不上为输。

【过程说明】

游戏继续时，被问的一组改为提问组，另一组要注意倾听。也可以设置积分计算输赢，如每一组基础分为10分，每赢一次加2分，输一次扣2分，看哪一组分数最高就是全班的获胜者。

【合作要点】

四至八人合作，培养组员们团结合作的意识和集体荣誉感。

【游戏目的】

区分b、d、p、q、n、l、f、t等声母。

【适用范围】

学习声母时用来区分比较相似的拼音字母。

字母对对碰

【准备材料】

拼音字母头饰、带拼音的图片。

【游戏做法】

课前让学生戴着拼音头饰在课间游戏，要求学生注意观察所看到的字母之间有什么不同，并记住对方的拼音。上课时戴着头饰来学习和做游戏。如拼读"tù"这个音节时，老师出示带有拼音的兔子图片说："这里有两个字母，是哪两个呢？"接着让t跑上台说："同学们，我是t。"然后，ù又跑上台说："同学们，我是ù。我们拍拍手做好朋友，就能组成图片上的音节，请大家把我们拼读出来！"拍拍手后，下面的同学很兴奋、很大声地拼出了"tù"这个音节。

【过程说明】

参加游戏的学生一定要根据图片的拼音来对对碰，老师尽量不重复字母，让更多的学生上台参与活动。

【合作要点】

生生合作、师生合作，学生在老师的指引下完成拼音组合。学生之间互相观察，组成音节伙伴。

【游戏目的】

让学生掌握声母、韵母与拼读方法。

【适用范围】

声母与韵母的拼读教学。

标调小游戏

【准备材料】

准备韵母、声母、四声符号等头饰和相关图片。

【游戏做法】

学生戴上头饰，并记住自己戴的是什么。老师发出指令谁和谁是好朋友，听到指令的学生立刻手拉手站在一起。老师拿起一张图片说："他俩应该戴上帽子（标上声调）才跟我手上的图片相符哦，谁来帮帮他俩？"跟图片相符的"声调符号"马上站到"标调字母"后面。其他学生检查是否正确。比如，老师说："sh和ui是好朋友。"随后拿起一张"水"的图片。"谁给他俩戴上帽子就是我手上的图片呢？""三声符号"马上站在"ui"的后面。

【过程说明】

游戏前，老师教会学生标调儿歌：有a先找a，没a找o、e、i、u，谁在后面给谁戴。

【合作要点】

自由合作，训练在认真观察的前提下互相配合才能更好地完成任务。

【游戏目的】

巩固正确地在音节上标调的能力。

【适用范围】

学习给音节标调。

颠颠倒倒

【准备材料】

拼音卡片两套，每个组一套。

【游戏做法】

学生分成A、B两组，每组选出一名组长。A组先开始，组长与组员商议意见一致后，组长举起一个字母卡片，全体组员一起读出该字母的读音。如读音正确，B组跟读两次。如读音是错的，B组连声说："错了，错了。"然后读出正确读音。如果B组没有纠正A组读错的字母，就由A组继续考验B组，直到B组读对了，才轮到B组考验A组，以此类推。

【过程说明】

游戏过程中，组长与组员必须商议好，做到统一。

【合作要点】

组员互相合作，研究"敌情"，统一意见才能战胜对方。此游戏也可以分成四个小组。

【游戏目的】

帮助学生区分声母、韵母和整体认读音节。

【适用范围】

复习声母、韵母和整体认读音节。区分形近的拼音字母。

跳跳过小河

【准备材料】

在地上画一条3米宽的小河，小河两端写上声母和韵母。

【游戏做法】

游戏时，学生分成A、B两组并排成两排，分别站在小河两边，老师发出指令，学生按指令跳到相应的字母并踩住。跳正确的学生继续听指令向前跳，全部正确的顺利跳到河对面，不正确的返回队伍后面。轮到第二个学生做游戏。例如，老师说："小b小b在哪里？"学生回答："小b小b在这里。"同时跳到字母"b"上。

【过程说明】

游戏时，学生听到指令跳到相应的拼音字母上，不按规则的一律不通过。同时，老师读字母时要考虑字母跨度距离不要太大。

【合作要点】

师生合作，学生听从老师指令，遵循游戏规则。

【游戏目的】

帮助学生巩固学习声母和韵母。

【适用范围】

学习认读声母、韵母等拼音。

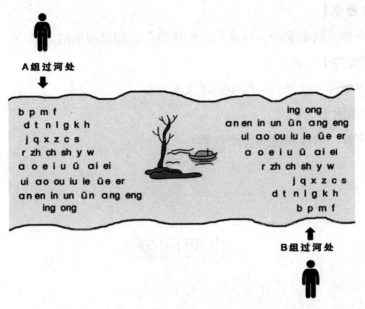

在地上画一条3米宽的小河，小河的两端分别写上
完全一致的声母、韵母。注意：A组和B组的队员要
面对面同时开展游戏活动

钓鱼小能手

【准备材料】

四套相同的带磁铁的拼音卡片。

【游戏做法】

全班分成四个小组，分别把带磁铁的拼音卡片放在教室地上。各小组学生排着队，根据老师的指令，用带磁铁的钓鱼竿钓起相应的拼音（鱼），一人只有一次机会，钓错的"鱼"要放回去，看哪一小组先把地上的"鱼"钓完。

【过程说明】

在钓鱼的过程中，其他同学不可以提醒，必须保持安静，让钓鱼的学生独自完成。

【合作要点】

师生合作，同组配合，培养学生听从指令、遵循规则的习惯。

【游戏目的】

帮助学生区分声母、韵母和整体认读音节。

【适用范围】

复习声母、韵母和整体认读音节。

我要回家

【准备材料】

在活动场地上画三个大圆圈，在圆圈的中间分别写上"声母之家""韵母之家""整体认读音节之家"，准备好声母、韵母、整体认读音节卡。

【游戏做法】

游戏开始时，老师把声母、韵母、整体认读音节卡片随机发给学生，拿到卡片的学生举起卡片读出来，然后站到相对应的圆圈里面（回家）。如果读正确，其他学生就跟他读。如果读错误，其他学生就说："错错错，读错了，不能回家。"请另一名学生来帮助他认读并分类。例如，老师拿一张"ao"的卡片给一名学生，对他说："你应该回哪个家呢？"其他学生说："你的家在哪儿？"拿到卡片的学生上台举起卡片说："ao、ao、ao，是复韵母，我家在这里。"然后走到相应的大圆圈里面。

【过程说明】

拿到卡片的这名学生必须大声读出字母。如果读错误，其他学生一定要帮助其纠正。

【合作要点】

师生合作，同学之间互相监督指正，共同进步。

【游戏目的】

帮助学生正确区分声母、韵母和整体认读音节。

【适用范围】

复习声母、韵母和整体认读音节。

分分合合

【准备材料】

学生自己制作拼音卡片，卡片正面写上已学过的拼音音节，反面写上分成的声母、韵母。

【游戏做法】

把学生分成A、B两组，两组学生面对面排成两列纵队。A组学生依次出示卡片正面已学过的拼音音节，依次考B组顺序对应的同学，B组学生看到拼音音节后马上说出这个音节是由哪些声母、韵母组成的（或这些声母、韵母组成一个什么音节）。以此类推。B组所有成员回答完毕后，再反过来由B组学生出题，A组学生回答。若学生能说出正确答案，就一人加1分，说不出则减1分，最后总分最高的小组获胜。

【过程说明】

被考的小组成员之间不可互相提醒，必须保持安静，被考到的学生若说不出正确分成，则要把音节拼读和抄写一次（也可以先出示分成，再提问组成）。

【合作要点】

全班分成两个组或四个组，同学之间配合完成，注重规则要求。

【游戏目的】

巩固学生对音节分成与组成的学习。

【适用范围】

拼音拼读教学，复习声母与韵母的拼读。

"j、q、x"游戏教学设计

【教材分析】

本课教材有三大部分。

第一部分是三个声母j、q、x,每个声母配有一幅图画。第一幅图是一只鸡抬头望着蝴蝶,鸡提示j的音,鸡和蝴蝶构成的形状提示j的形。第二幅图是一个小姑娘手里拿着气球的线,抬头数着拴在线上的七个气球,"七"和"气"提示q的音,左边那只单独的气球提示q的形。第三幅图是树下的桌子上有一个切开的西瓜,西提示x的音,西瓜上的刀切印提示x的形。

第二部分是j、q、x和韵母组成的两拼音节与三拼音节练习,包括j、q、x与ü相拼时ü上两点省写规则的教学内容。

第三部分是j、q、x的书写格式和笔顺。

【学情分析】

本课的教学对象是一年级学生。大部分学生入学前接触过汉语拼音,对字母的读音和音节的拼读有一定的基础,但对j、q、x与ü相拼时省去ü上两点容易忘记。

一年级学生年龄较小,大多数活泼好动,集中注意力的时间较短,好动、好玩是他们的天性,所以让学生在活动中边玩边学。

【教学目标】

(1)学会j、q、x三个声母,读准音,认清形,正确书写。

(2)初步掌握ü上两点省写的规则。

(3)学会j、q、x与单韵母拼读音节及带调拼读音节,准确拼读j、q、x开头的三拼音节。

(4)认识"棋、鸡"两个生字。会读儿歌。

【教学重难点】

（1）j、q、x的发音及其与韵母的拼读。

（2）j、q、x的书写及其与ü相拼时ü上两点省写的规则。

【教学准备】

气球、小黑板、拼音卡片、挂图、多媒体课件。

◆◆ 第一课时 ◆◆

【课时目标】

（1）学会j、q、x三个声母，读准音，认清形。

（2）正确书写j、q、x三个声母。

【教学过程】

（一）复习导入

师：同学们，你们还记得我们学过了哪些声母和韵母吗？（生：b p m f d t n l g k h a o e i u ü）我们来玩个游戏复习一下这些声母和韵母吧。这个游戏的名字叫作"写写接力"。

课件出示游戏规则：

（1）全班分为六个小组，大约八人为一个小组，同一个小组的学生围坐成一个圈。

（2）从学生A开始，在学生B的背上用手指写出一个学过的声母或韵母。学生B感知出这个声母或韵母，再在学生C的背上写下这个声母或韵母。

（3）学生C、D、E……一直轮着写下去，最后的那名学生大声地把他感知到的这个声母或韵母读出来，让学生A判断是否正确。

就这样，每名学生都要轮着做第一个写声母或韵母的人，另外的学生一个接一个地在旁边的同学背上写，最后一名学生就大声地读出来。

师：游戏好玩吗？我们再来玩一个，这个游戏的名字叫作"摸一摸，猜一猜"。

（二）游戏揭题

（1）出示"摸了就写"的游戏规则。

①讲台上的箱子里有三个声母的立体模型。

②请一名学生到讲台上用红领巾蒙住眼睛，从箱子里拿出其中一个声母的立体模型，用手去摸，感受这个立体模型的形状，然后把感受到的声母写在黑板上。

③如果这名学生写对了，其他学生就说："对对对，写对了。"他就可以继续摸出箱子里的第二个模型，再写出第二个声母。如果他写错了，其他学生就说："错错错，写错了。"他就要摘下蒙住双眼的红领巾，回到座位上。老师再另外点名其他学生到讲台上继续"摸了就写"活动。

（2）等全部同学把j、q、x的立体模型都写在黑板上后，老师就说："今天我们就来学习这三个新的声母。"

课题：j、q、x。

师：想知道这三个声母怎么读吗？

课件出示课文的第一幅插图。

师：一个夏日，小娃娃早早地起来了，她拿着一束多彩的气球来到树荫下玩耍。这时，不知道谁已经切好了西瓜。大树下，鸡妈妈一早就带着小鸡们在草地上做游戏啦。你看！蝴蝶也过来凑热闹了。（教师一边讲故事，一边把j、q、x的表音表形"母鸡、气球、西瓜"的图片贴在黑板上）这幅插图里就隐藏了这三个声母的发音。

（三）看图识声母

1. 学习声母j

（1）读准j的音。

①指着黑板上的"母鸡"图片。

师：我们把"母鸡"的"鸡"读得轻一点、短一点就是声母j的音。

②发音提示：舌面前部抬起来顶住硬腭前端。

③教师范读，学生仿读。

④学生齐读、小组读、开火车读。

⑤点名读，教师点评。

⑥练习音节拼读：j—i—ji，jī、jí、jǐ、jì。

j—i—ā—jiā。

（2）认清j的形。

①师：你有什么好办法记住"j"的样子？

出示j的图片，提问：图上的母鸡正在干什么？（一只母鸡伸长脖子，正昂着头看头顶上的蝴蝶）

②教师课件出示顺口溜：母鸡戏蝶j j j，竖弯加点j j j。

③学生边念顺口溜，边书空j的笔顺。

④教师范写j，提示：j由两笔写成。第一笔：竖弯，占中、下两格；第二笔：点，占上格。注意竖弯的竖要写得直，到下格后才开始向左弯。

⑤学生在语文书第31页书写，一次写三个。教师巡视指导，纠正坐姿和执笔姿势。

2. 学习声母q

（1）读准q的音。

①教师把带来的七个气球粘贴在黑板上，气球倒在绳子的左边，摆放为q的形状。

师：同学们，这是什么？（生：气球）请你们数一数气球有多少个？（生：七个）"七个"的"七"读得轻、短就是声母q的音。

②发音提示：舌面要放松，吐出一口气，声音不颤动。

③教师范读，学生仿读。

④学生齐读、小组读、开火车读。

⑤点名读，教师点评。

⑥练习音节拼读：q—i—qi，qī、qí、qǐ、qì。

q—i—ā—qiā。

（2）认清q的形。

①出示"气球"的贴图，气球倒在绳子的左边就是q。

②教师课件出示顺口溜：像个9字q q q，g字去弯q q q，左上半圆q q q。

③学生边念顺口溜，边书空q的笔顺。

④教师范写q，提示：q由两笔写成。第一笔：左半圆，占中格；第二笔：竖，占中、下两格。

⑤学生在语文书第31页书写，一次写三个。教师巡视指导，纠正坐姿和执笔姿势。

3. 学习声母x

（1）读准x的音。

① 教师出示"西瓜"的图片。

师：这是什么？（生：西瓜）我们把"西瓜"的"西"读得轻一点、短一点就是声母x的音。

② 发音提示：舌尖下垂，靠近硬腭。

③ 教师范读，学生仿读。

④ 学生齐读、小组读、开火车读。

⑤ 点名读，教师点评。

⑥ 练习音节拼读：x—i—xi，xī、xí、xǐ、xì。

x—i—ā—xiā。

（2）认清x的形。

① 师：看一看图上的什么地方像声母x？（切西瓜的刀印）

② 教师课件出示顺口溜：刀切西瓜x x x，像个叉叉x x x。

③ 学生边念顺口溜，边书空x的笔顺。

④ 教师范写x，提示：x由两笔写成。第一笔：撇，占中格；第二笔：捺，占中格。

⑤ 学生在语文书第31页书写，一次写三个。教师巡视指导，纠正坐姿和执笔姿势。

（四）游戏巩固

师：同学们，我们今天又多学了三个声母啦！（j、q、x）今天就让我们通过玩游戏巩固一下这三个声母吧。

游戏一：你摆我读，你读我收

课件出示游戏规则：

（1）两个人一组，一个学生摆出拼音卡片，另一个学生读出拼音卡片。

（2）学生A每摆出一张拼音卡片，学生B用最快的速度把摆出来的这张拼音卡片读出来。如果学生B读错了，学生A要帮忙指正。

（3）就这样，直到学生A把所有的拼音卡片摆到桌面上，学生B把所有的拼音卡片都读完后，就轮到学生A把之前摆在桌面上的全部拼音卡片一张一张地读出来。学生A每读一张卡片，学生B就用最快的速度把这张卡片找出并收起来。

游戏二：一个走，两个进

课件出示游戏规则：

（1）全班分为八个小组，五人一个小组，每个小组自备一套拼音卡片。先由学生A摆出三张拼音卡片，其他学生在规定的时间内认真记忆这三张卡片分别是什么拼音。

（2）本组其他学生闭上眼睛，学生A悄悄地拿走一张拼音卡片，这时其他学生睁开眼睛，看谁最快猜出被拿走的卡片是什么拼音。

（3）第一轮拿走一张拼音卡片，被猜出来后，再放两张新的拼音卡片进去，由学生B悄悄拿走其中的一张卡片。

就这样，每名学生都要轮流拿走卡片，另外的学生猜。猜中拼音的学生可以加1分。猜中的拼音越多，得分越高，每个小组得分最高的学生可以得到老师的奖励。

（五）课堂小结

师：同学们，今天我们学习了三个声母宝宝，它们是什么呀？你记住它们的样子没有呢？请读三遍j、q、x儿歌，并书空j、q、x三遍。

【布置作业】

（1）把所有学过的声母和韵母读三遍。

（2）书写j、q、x每个三遍。

（3）在家和爸爸妈妈玩一玩课堂上玩过的拼音游戏。

【板书设计】

j q x

j—i→ji jī jí jǐ jì

q—i→qi qī qí qǐ qì

x—i→xi xī xí xǐ xì

◆◇ **第二课时** ◇◆

【课时目标】

（1）学习声母j、q、x和ü相拼时ü上两点的省写规则。

（2）巩固三拼音节的拼读方法。

【教学过程】

（一）检查复习

复习：j、q、x、ɑ、i、ü。

师：同学们，课前我们来玩个游戏热热身，这个游戏的名字叫"听得清，拿得快"。

课件出示游戏规则：

（1）把全班分为若干小组，每个小组准备一套拼音卡片。

（2）每个小组把所有的拼音卡片都摆放在桌面上。

（3）请小组长随机读出摆放在桌面上的任意一张拼音卡片，其他小组成员认真听小组长读，把所听到的拼音卡片准确地拿出来。

（二）复习整体认读音节yu，引出新课

（1）出示卡片yu，请学生认读。教师问y后面的字母是什么？（ü）

（2）教师追问：ü上的两点去哪儿了？（原来，小ü是个有礼貌的孩子，小ü见大y，脱帽行个礼）

（3）创设情境。

师：今天小ü上街，你猜猜它碰见了谁？（j、q、x）请你猜一猜，有礼貌的小ü见到了j、q、x后又会怎么做呢？（小ü见到j、q、x，脱帽行个礼）

（4）学习ü上两点的省写规则。

ju、qu、xu中的韵母实际上是ü，读音也是ü，只是书写时省写两点。这是因为在普通话里，j、q、x不和u相拼，即使ü上两点省去不写，也不会与u混淆。

（5）读顺口溜。

j、q、x，真淘气，从不和u在一起，它们和ü来相拼，见了帽子就摘去。

（三）练习拼读

课件出示：j—ü→jū

　　　　　　q—ü→qū

　　　　　　x—ü→xū

　　　　　　n—ü→nǚ

　　　　　　l—ü→lǚ

（1）请各小组练读以上音节的拼读。

（2）开火车读。

（3）请个别学生读。

（四）游戏巩固

游戏一：圆盘转转转

课件出示游戏做法：

（1）有一个转盘，一枚钉子把一个大圆盘的圆心和一个小圆盘的圆心钉在一起，小圆盘可以转动。大圆盘的边沿上写有一圈声母，小圆盘的边沿上写有一圈韵母。转盘中心有一根指针。

（2）教师把转盘挂在黑板上，请一名学生上台转动小圆盘，小圆盘停到哪个声母格就要和那个声母相拼。

（3）待小圆盘停止转动后，这名学生就要把指针对着的声母和韵母大声地拼读出来。

例如，教师指定小圆盘上的ü，请一名学生上台转动小圆盘，假如指针对着的小圆盘上的ü停在了x这格，就要把x–ü–xū拼读出来。

游戏二：火眼金睛

课件出示游戏做法：

（1）教师有一些有标调的音节卡片，这些音节的标调有些是错误的，有些是正确的，标调可移动。正确和错误的音节卡片数量是相等的。

（2）教师把这些有标调的音节卡片分成两组，分别把这两组音节卡片粘贴在黑板上。

（3）请两名学生出来，比一比谁有火眼金睛，能最快地把错误的标调找出并改正过来。获胜的学生可以奖励一个孙悟空的头饰。

游戏三：来玩飞行棋

课件出示游戏做法：

（1）教师把全班学生分为十个小组，四人一个小组。

（2）一位学生扔骰子，骰子正面向上的点数就是棋子要行走的格子数。当棋子到一个格子时，学生A要把这个格子的音节拼读出来。如果拼读正确，棋子就可以停留在这个格子里；如果拼读有误，棋子就要退回原位。

（3）就这样，四名学生轮流扔骰子，按照骰子正面向上的点数前进或后退。

（五）课堂小结

（1）再次归纳ü的拼写规则。

（2）再读顺口溜：j、q、x，真淘气，从不和u在一起，它们和ü来相拼，见了帽子就摘去。

【布置作业】

（1）背顺口溜：j、q、x，真淘气，从不和u在一起，它们和ü来相拼，见了帽子就摘去。

（2）在家和爸爸妈妈玩一玩课堂上玩过的拼音游戏。

【板书设计】

j q x

j—ü→jū   j—i—ā→jiā

q—ü→qū   q—i—ā→qiā

x—ü→xū   x—i—ā→xiā

"b、d、p、q、n、l、f、t" 合作学习游戏教学设计

【教材分析】

学生学完声母后，对b、d、p、q、n、l、f、t八个形近字母及发音容易混淆。教师可以引导学生通过合作探究的复习方式，发现它们形体上的联系，弄清它们之间的区别。复习巩固b—d、p—q、n—l、f—t八个声母，读准音，认清形。

【教学目标】

（1）学会区分b—d、p—q、n—l、f—t 八个声母，读准音，认清形。

（2）学会区分b—d、p—q、n—l、f—t 与韵母的拼读。

【教学重难点】

（1）声母b—d、p—q、n—l、f—t 读准音、认清形，和韵母组成音节的正

确拼读。

（2）熟练与韵母的拼读。

【教学课时】

1课时。

【课前准备】

（1）相关的多媒体课件。

（2）b、d、p、q、n、l、f、t的卡片及生字卡片和相关图片。

（3）把学生分成四组坐好。

【教学过程】

（一）复习导入，激发兴趣

1. 提问拼音是由哪三大家族组成的

师：同学们，这节课我们一起来复习拼音吧！首先，欢迎同学们来到我们的拼音王国。

师：同学们还记得我们的拼音王国是由哪三大家族组成的吗？（生：韵母、声母、整体认读音节）

2. 师生一起回顾二十三个声母

师：记性真不错，今天我们就先来复习声母家族。你们还记得声母家族有多少个成员吗？（生：二十三个）

师：哪二十三个？（学生背声母）

3. 出示易混淆声母读一遍

师：这二十三个声母里有一些长得很相似，我们一粗心就容易出错，我们来看看是谁。（出示图片）

师：这节课，我们就来一场游戏大闯关。哪一组表现好或者顺利闯关了，老师就会把奖给哪一组。最终，得奖最多的一组获胜，你们有信心赢吗？

（二）游戏大闯关形式学习b—d、p—q、n—l、f—t八个声母

第一关：读读记记

（1）课件出示b—d、p—q、n—l、f—t八个声母，回顾记忆方法。

师：我们先来看看第一关——读读记记。这四组声母最容易出错，我们一起来读一读。

师：我们先来看看第一组，还记得老师怎么教大家的吗？

师：伸出双手大拇指朝上，"左b右d"，再来一遍，真棒！那第二组怎么记呢？（提问）（大拇指朝下，"左p右q"）记性真好，一起读读。那f和t怎么记呢？（生答）你记性也不错。最后一组怎么记？一起告诉我。（再来一遍）都记住了吗？

（2）打乱顺序读一遍。

师：老师考考你们。（PPT下翻打乱顺序）

师：请同学们拿出你们的声母卡片，老师考考你们，我读一个声母，你们快速找出来，看能不能找准确。

（请同学们把卡片放好，看老师）

（3）卡片游戏：谁怕谁。

师：现在我们来玩游戏，游戏的名字叫"谁怕谁"。通过这个小游戏，我们一起复习声母b、d、p、q、n、l、f、t。看看哪个小朋友最棒。老师先说说游戏玩法：首先老师这里有声母b—d、p—q、n—l、f—t卡片四份。老师先把同学们分成四组，你们给自己组取个名字，选出自己组的组长。老师再把声母卡片b、d、p、q、n、l、f、t放在每一组的桌面上。游戏开始时，被老师点到名的那一组组长拿起任意一张声母卡片，问任意一组这个字母是什么读音。如春天组组长说："冬天组、冬天组，请回答，像个'9'字是什么？"冬天组的所有成员就要说："像个'9'字q、q、q。"组员回答的同时，组长举起q。以能对上为赢，对不上为输。同学们听明白游戏怎样玩没有？

生：知道了。

师：好，我们一起来玩"谁怕谁"。

游戏反复进行几遍，四个小组都做问者和被问者。

（4）游戏结束后，提问个别学生读音。

第二关：拼读我最棒

（1）拼读词语：教师出示PPT内容，并范读，学生一起拼读，教师提问，学生带读、互读。

师：第一关同学们表现不错，每组得到一颗星，接下来我们来看第二关——拼读我最棒。

师：先跟老师读一遍，fu—tu，我请个"小老师"带读，他如果读对了，我们就跟着一起读读。（真棒，同桌之间互相读读）

师：我们继续来看看拼读小火车。第一个谁来拼拼？我们一起来拼拼，如果火车动起来了，那就证明我们都拼对了。

师：再来，第二辆小火车也动起来了，真了不起！

师：下面老师给同学们带来了一些新朋友，但是它们有一个要求，要你们拼对了才肯出来和你们见面。请第一组的同学来拼拼第一个词语，对了吗？（生：对了）请出我们的第一位朋友。第二、三、四、五、六组，大家一起来。

（2）拼读儿歌，教师提问，学生带读、互读。

师：同学们都很厉害，那老师再来一个难的——拼读儿歌我最棒。请同学们拼拼，看看这首儿歌讲了什么内容？

师：谁来读一读？我们来看看他拼对了吗？（真会拼读）

师：请同桌之间互相拼一拼，看看这首儿歌又讲了什么？

师：谁来？你也很会拼读，我们一起来读一读。

（3）拼读游戏：拼音对对碰。

师：同学们，刚才课间老师给你们戴的头饰喜欢吗？

生：喜欢。

师：那你们记得自己戴的头饰是什么拼音吗？

生：记得。（我是b，我是ù……学生小声读着自己头饰上的拼音）

师：你们真棒，那现在我们再来玩一个游戏。游戏的名字叫"拼音对对碰"。你们看老师手上拿的是什么动物？

生：兔子。

师：对，现在小兔子不记得自己的拼音字母，哪些同学来帮帮小兔子呢？

先引导戴着拼音字母t的学生跑上台说："小朋友，我是t。"然后再引导戴着拼音字母ù的同学跑上台说："小朋友，我是ù。我们拍拍手做好朋友，就能组成图片的音节，请大家把我们拼出来！"拍拍手后，下面的学生很兴奋、很大声地拼出了"tù"这个音节。

师：同学们知道游戏的玩法没有？

生：知道了。

师：现在看看老师手上拿的是什么？（依次拿出斑马、企鹅、狐狸、老虎等图片，让戴着相关拼音字母的学生上来对对碰，其他学生拼读）

师：第二关拼读同学们也过关了，每组得到一颗星。

第三关：拼音识字

（1）拼音回顾反义词，复习反义词。

师：我们来看看第三关——拼音识字。这是什么字？（东）一起读一读。

师：你们发现了吗？东西、南北这些都是什么词？（反义词）那你们还知道哪些反义词？（举手回答）同学们都很棒，我们再来看看。

（2）拼音回顾四会字（会认、会读、会写、会默）。

师：我们一起合作帮助这些小朋友拿到气球好吗？我们女生来读字，每读一个字男生就用拼音拼读出来，当你们都对了，他们就能得到气球了，我们一起来试试，准备好了吗？

第四关：结交动物朋友（狐狸、老虎、斑马、兔子、老鼠、企鹅）

（1）个别学生读后，全体学生一起读。

师：同学们很厉害，第三关也闯过了，每组得到一颗星。我们再来看看第四关——结交动物朋友。

师：看看第一个出场的动物是谁？谁来代替狐狸和大家打声招呼，把上面的文字读一读。（提问后一起读）

（2）提问学生还认识哪些动物。

师：除了这些动物，同学们还认识哪些动物？（问三个学生）看来同学们都认识很多的动物朋友。

师：第四关也过关了，那我们来看看最后一关，第五关——完成小练习。

第五关：完成小练习

（1）学生做堂上小练习。

（2）教师讲评，学生互改。

【板书设计】

b—d、p—q、n—l、f—t

【教学反馈】

（1）成功之处：在授课过程中，笔者从实际出发，根据学生天性好奇、乐于模仿新鲜事物的特点，立足于学生的认知规律，教学中多采用学生乐于接受、能激发学生学习兴趣的形式，如游戏、儿歌、猜谜、小组合作等，多采用表扬、鼓励、奖励、评优等能让学生获得成就感、树立自信心的评价方式，让学生在学习中找到乐趣，培养学生学习的热情。

（2）不足之处：①枯燥的字母符号毫无内涵和具体意义，机械识记对于六七岁的学生来说，虽然记得快，但是忘得也快。②个别环节间的衔接不够自然。③游戏是学生求知的乐园，本课的设计中穿插了一些游戏，整堂课下来学生积极性很高，但个别游戏环节学生由于沉浸在游戏的快乐体验中，有些管不住自己，课堂稍显混乱。游戏与知识之间如何更紧密地结合，才能提高课堂的实效性，将是笔者下一个思考的问题。

汉语拼音复习教学设计

【教材分析】

本册教材选用部编版教材，内容为一年级上册汉语拼音部分的总复习。汉语拼音是学习语文需要具备的最基本的知识，所以要夯实学生的基础。

【教学目标】

（1）学生会读、会背、会写二十三个声母、二十四个韵母、十六个整体认读音节。

（2）学生能灵活运用声母、韵母、整体认读音节。

（3）学生能正确拼读音节，熟练运用标调歌。

【教学重难点】

（1）学生能灵活运用声母、韵母、整体认读音节。

（2）学生能正确拼读音节，熟练运用标调歌。

【教学课时】

1课时。

【课前准备】

（1）相关多媒体课件。

（2）拼音卡片和相关图片卡片。

（3）课前录好公园主人的录音。

【教学过程】

（一）故事导入

师：同学们，美丽的公园里要举行一场盛大的舞会，公园的主人邀请我们班里所有聪明、可爱的同学一起参加，你们想去吗？那我们就赶紧出发吧！

（二）复习声母、韵母、整体认读音节

1. 创设情境，复习声母、韵母、整体认读音节

师：同学们，你们瞧！美丽的公园到了！怎么有三扇大门，而且还没开呢？

公园主人录音：同学们，我来迎接你们，可是你们必须按我的要求把声母、韵母、整体认读音节读正确，并且从不同的门进去哦，祝你们好运！

师：我们已经认识了所有的拼音宝宝，拼音王国里有声母、韵母和整体认读音节。（依次出示声母、韵母、整体认读音节，让学生读：自读、开火车读、小组读、齐读、齐背）

师：同学们都很棒，把所有的拼音都读出来了，现在我们按公园主人的要求过这三扇门。同学们看这三扇门上写着什么？

生：声母、韵母、整体认读音节。

师：对，公园主人要我们做游戏通过这三扇大门。现在小朋友看看自己手上的拼音卡片是怎样读的，默记在心中。（每名学生都拿出课前发的卡片小声读拼音，自己检查）

2. 游戏复习声母、韵母、整体认读音节

师：我们玩个游戏——我该走这扇门。游戏玩法是同学们把卡片举起并读出来，然后走到相对应的门口后站好。如果读得正确，其他没有过门的同学就跟他读。如果读错误，其他同学就说："错错错，读错了，不能进门。"请另一名同学来帮助他认读并分类。

例如，老师指着手拿一张"ao"卡片的学生，对他说："你应该从哪扇门走过去呢？"其他学生说："你的卡片该读什么呢？"手拿卡片的这名学生举起卡片说："ao、ao、ao，是复韵母，我该从这扇门过去。"然后走到相应的门后。

公园主人录音：同学们，恭喜，请继续！

3. 复习拼读音节

师：这里有很多花，同学们看，这些花你们认识吗？叫什么名字？原来花上有音节，拼出来就知道花的名字了，我们一起拼读。（课件呈现一个花圃，里面轮换出现很多带音节的花朵）

学生大声拼读相应的花朵音节。（自读、开火车读、小组读、齐读）

师：聪明的同学们又通过了公园主人的一次考验，知道了花的名字。但是公园主人说他不知道同学们叫什么名字呢，现在我们把自己的名字用拼音写出来告诉公园主人好吗？

学生把自己的名字用拼音写到拼音本子上，自己检查一遍。

课件出示每个小朋友的拼音名字。

学生自己对照检查是否正确，正确的大声读给同桌听。

4. 再复习拼读音节

师：我们终于来到了舞会的现场，为了感谢公园主人的邀请，我们给主人唱歌跳舞吧！呀！我们小朋友的歌声和舞姿把公园里的小昆虫、小水滴等都吸引来了，可是这些小昆虫、小水滴都不写自己的名字，我们帮它们写写吧。

课件出示各种参加舞会的昆虫、水滴图片。

学生选自己最喜欢的小昆虫、小水滴，帮它们写上名字，自查一遍。

教师出示每个小昆虫、小水滴名字的拼音写法，同桌互查。

学生自读所有小昆虫、小水滴的拼音名字，再读给同桌听。

5. 复习标调歌

师：小昆虫、小水滴等为感谢我们帮它们写名字，拉着我们兴致勃勃地做游戏。它们要和我们做标调小游戏呢。同学们还记得标调歌吗？

生：有a先找a，没a找o、e、i、u，谁在后面给谁戴。

6. 标调小游戏

师：同学们真棒，一下子就背出标调歌，我们一起玩标调小游戏。老师这里有四声符号，请四名同学拿着。等一下老师发出指令谁和谁是好朋友，听到指令的同学立刻手拉手站在一起。（老师拿起一张图片）他俩应该戴上帽子才跟我手上的图片相符哦，谁来帮帮他俩？（跟图片相符的"声调符号"马上站到"标调字母"后面。其他同学检查是否正确）

例如，老师说："sh和ui是好朋友。"随后拿起水的图片，"谁给他俩戴上帽子就是我手上的图片呢？""三声符号"马上站在"ui"的后面。

7. 再次复习音节

师：恭喜同学们都能参加盛大的舞会，老师也要送你们每人一朵大红花哦，表扬同学们今天的优异表现。同学们，你的花朵里面写的是什么？你们把它们拼读出来，再与其他同学交流是否拼读正确。

生：看花朵再读音节。

（三）完成小练习

（1）学生做堂上小练习。

（2）教师讲评，学生互改。

（四）课堂小结

师：同学们，今天我们到拼音王国里复习了声母、韵母、整体认读音节，还复习了标调歌，那么谁来说一说认识了它们对我们有什么帮助呢？（学生自由发挥）

【板书设计】

声母

韵母

整体认读音节

【教学反馈】

教这节课时，以故事导入，引导学生回顾整个汉语拼音所学内容，知道拼音王国有很多的拼音宝宝：二十三个声母、二十四个韵母，还有十六个整体认读音节。

这堂课的教学，笔者体会最深的是，一定要抓住学生的心理特点，游戏是这些学生最能接受的一种教学方式，在教学中穿插游戏，能激发学生学习的兴趣，提高学习效率，让学生在玩中学，这样不仅课堂活跃，学生也更乐学。

第二章

识字教学

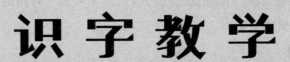

智"拼"才会赢

【准备材料】

教师按分组的数量提前在同等大小的两种颜色的卡片上分别写好本课要学习的生字的部首和部件，例如部首用黄色卡片写，部件用红色卡片写。

【游戏做法】

教师把全班分成四小组或六小组，每个小组选一名组长负责分工或协调工作。组长到老师处领取卡片（每组的卡片一样），然后分发给小组成员。当老师说"开始"的时候，各小组的成员互相合作，用最快的速度在黄色卡片里找出部首，在红色卡片里找出部件，组成相应的字。把所有的部首和部件组成字的小组要举手示意完成。在规定时间内组成的字最多、时间最短的小组为胜利组。教师可适当奖励学生。

【过程说明】

需要小组成员之间互相配合完成，全部成员必须参与进来，同时也可让优秀的学生辅导基础较差的学生一起完成。

【合作要点】

六至八人为一个小组比较适宜。学生互相配合，训练组长的分工领导能力和组员的配合能力，并带动基础较差的同学共同进步。

【游戏目的】

帮助学生掌握字，形成分辨多音字的能力，激发学生的学习兴趣，试图让学生处于兴奋的状态，大脑快速运转思考，学习效果更佳。

【适用范围】

适合中低年级的学生认字，特别是能让学生区分容易混淆的字。

放大镜

【准备材料】

数张白纸，布置学生预习本课需要掌握的生字。

【游戏做法】

在教室里按座位顺序四人一个小组，每组发放一张白纸，按顺时针的方向传递白纸。学生A开始写本课的其中一个生字，学生B写出这个生字的笔顺，学生C为这个字组词，学生D接着又写出本课的第二个生字继续传递。完成以上的要求，以此类推，直到完成本课的生字。在传递完成过程中发现错误要马上用红笔纠正。所有小组都完成后，各小组之间交换检查修改。

【过程说明】

此游戏只有三步，按一定方向传递，四名学生就有机会参与不同的学习任务。在游戏期间，教师要随机巡查，如发现有较多学生不会的字，可重新在黑板上写给学生看，加深记忆。

【合作要点】

从四人小组合作到全班各组互相合作，以小到大，带动每一名学生参与学习，互相帮助、互相监督、互相提高。

【游戏目的】

让学生更加清楚地知道笔顺，更加了解字的结构，锻炼学生的观察能力，增加认字量。

【适用范围】

适用于低年级新课学习生字。

在教室里按座位顺序四人一小组，每组准备一张
白纸，按顺时针的方向传递白纸，如图所示，
按A、B、C、D的顺序传递

"母鸡" 下蛋

【准备材料】

准备本单元的生字词。

【游戏做法】

教师在黑板上写出作为"母鸡"的偏旁部首，让学生把有此偏旁部首的字写出来，写得越多越好，看谁的"母鸡"最会下蛋。写完后同桌交换检查进行"捡臭蛋"，对写错的字或者部首不相符的字进行修改。

【过程说明】

有些字学生认识但并不会读或不会写，可鼓励学生自己查字典解决。

【合作要点】

两人合作，增强学生互相帮助、互相监督、互相提高的意识。

【游戏目的】

归类认字，通过偏旁部首联想到更多的字词，增加字词量。

【适用范围】

适合中低年级的学生归类认字。

你说我做

【准备材料】

准备本单元或本学期的动词，做成卡片。

【游戏做法】

把同偏旁部首的字词先归类，找出相关的动词。两个人一组，学生A念一个动词，学生B再把这个动词演示出来。例如，学生A念出跳、跑、踢、跛、跃、趴等，请学生B分别演示相关的动作，然后二人互换角色。亦可鼓励学生使用两个动词造句，另一名学生再做动作，并总结这些词都是跟足有关，便于学生记忆。以此类推，演示其他动词组。

【过程说明】

学生在演示的过程中需注意安全。

【合作要点】

两个人合作，分组训练，增强学生的配合能力，共同提高。

【游戏目的】

用动作演示出来，一方面让学生感兴趣，学习兴趣高；另一方面加快学生对动词的理解，化难为易。

【适用范围】

小学认字阶段。

扩音器

【准备材料】

教师提前准备本单元的多音字，如系、哄、降、曲、还、相、角、露、将等。

【游戏做法】

六至八人为一组。教师把本单元的多音字罗列在黑板上，小组成员互相合作，根据多音字的多种读音写一句话，例如，"她自己非常懒惰，却总是埋（mán）怨别人埋（mái）头工作"，"银行（háng）发行（xíng）钞票，报纸刊登行（háng）情"，"小明在宿（sù）舍说了一宿（xiǔ）有关星宿（xiù）的常识"。造句最多的一组为获胜组，教师可适当奖励学生。

【过程说明】

展示的多音字也可以是学生没学过的。

【合作要点】

六至八人合作，协调分工，互相配合，学会关心有学习困难的同学共同进步，凝聚集体荣誉感。

【游戏目的】

此方法比较适合学生区分多音字，也能巧妙地记牢并运用，化难为易。

【适用范围】

小学阶段认识、区分多音字。

sù 宿舍	造句：_____
宿 xiǔ 一宿	造句：_____
xiù 星宿	造句：_____

学生根据教师罗列在黑板上的多音字扩充组词并各造一个句子

认字对对碰

【准备材料】

教师准备扑克牌大小的卡片，并写上本课需要学会的字，每张卡片只写一个字，每小组一份，每个成员两张卡片。

【游戏做法】

六至八人为一组。教师把提前准备好的卡片打乱顺序后分给每组学生。每组学生围成一个圆圈，由其中一个学生开始按顺时针方向抽取下一个同学的一张卡片，以此类推，先把两张卡片的字组成一个词语的学生为胜利者，并可以出圈。最快完成的小组为胜利组。

【过程说明】

如分到的两张卡片的字已经组成词语，就不用抽，而是直接出圈。教师可以鼓励胜利出圈的学生帮助本组有需要帮助的同学认字，不要错过词组都不知道。

【合作要点】

六至八人合作，互相抽牌组成词语，互相帮助，一起识字。

【游戏目的】

让学生有所思考，在游戏、竞争中学会认字，更能激发学生的认字兴趣，达到自主学习的目的。

【适用范围】

适合中低年级学生认字、组词。

每组围成一圈站立不动，学生按顺时针方向抽取下一个同学手中的卡片

字典风暴

【准备材料】

生字卡片。提前通知学生准备好一本《新华字典》，在此游戏前，教会学生查字典的方法。

【游戏做法】

教师准备好本课需要学习的生字卡片，分好两个人一组。每当教师念一个生字并在黑板展示时，学生A以最快的速度翻阅字典，找出与这个字读音相同而且是学过的字，报给学生B后，学生B立即写下来。教师继续在黑板展示生字卡片，看哪一组学生合作的速度最快，同音字写得最多即为胜利组。

【过程说明】

可根据学生自身的情况，自由分配一名学生负责查字典，另一名学生负责写（也可以轮流负责）。

【合作要点】

两人合作，训练同伴之间默契配合，促进互相了解，发挥各自所长。

【游戏目的】

锻炼低年级学生的动手能力、反应速度、听力、写字能力，认识生字，巩固已学过的字，增加识字量。

【适用范围】

适合中低年级学生拓展认字，提升识字能力。

记写大比拼

【准备材料】

用卡纸制作一个汉字台历（台历上每一页都有本课的一个生字）。

【游戏做法】

六至八人为一组。教师在2分钟内将台历的内容逐一翻一遍（台历14页左右），各小组认真看，边看边记。时间一到，教师把台历合起来，然后请每个组的学生轮流到黑板上按照顺序写出刚才老师展示的内容。（班里有多少个小组，就由多少个小组同时进行）在规定的时间内能按顺序写，并且正确率高的小组获胜。

【过程说明】

（1）比赛之前，请每个组的组长安排好每个组员要记哪几个生字。有些小组是七个人的，就安排每人记两个字，有些小组是八个人的，就安排两个同学各记一个字，根据实际情况操作。但是要全凭脑子记，不能动笔记。

（2）小组长安排好组员出场的顺序。

（3）时间是固定的，如果哪个组员实在写不出来，要求他马上回来，不浪费其他组员的时间。

（4）在规定的时间里允许同组的同学进行补写。

【合作要点】

六至八人小组合作，锻炼学生有效分工合作的能力，互相促进提高。

【游戏目的】

让学生在规定的时间内记忆，能够最大限度地调动学生的学习积极性和注意力，能有效增强学生识记生字的能力，并增加识字量。

【适用范围】

学完生字后巩固识字使用。

你举我写

【准备材料】

每人制作一张只有一个汉字的卡片，可以是课文中的生字，也可以是其他汉字（为防止重复，老师可以指定）。

【游戏做法】

按照座位将学生分为若干小组（六至八人为一组），每个小组的组员手里都有一个汉字的卡片，每组派代表进行抽签产生相互对决的两个小组。小组A的每个组员轮流站起来，把生字卡片举起来让B组相对应的组员观看10秒左右（A组第一个对应B组第一个，以此类推，如遇人数不对应，则再从第一个开始）。等A组的每个组员向B组的组员展示所有字卡后，B组的组员按顺序轮流到黑板上写出相对应的汉字，正确率最高的小组获胜。然后再轮到B组向A组展示字卡，A组的组员轮流到黑板上写，以此类推。

【过程说明】

观看对决的其他小组，也要留意两组之间的对决，当到黑板上的组员不能写出相对应的汉字时，其他组员可以进行补写，能够按对手出示的汉字顺序写出来，并且正确率最高的小组获胜。在操作的过程中，还需要注意以下几点：

（1）观看对决的小组必须参与到监督中，不能做其他事情。

（2）对决的双方必须是按照一对一的顺序进行写字。

（3）每组记字的时间是有限的，每个字规定在10秒之内，老师充当计时员。

（4）对决过程中不允许翻看课本。

（5）制作的字卡规格是20厘米×20厘米。

【合作要点】

小组合作，主要训练小组成员不能只关心自己的任务，还要学会关注其他组员，一旦有组员不会写或记不住时可以补写。

【游戏目的】

与第一个游戏相似，这个游戏的目的主要是调动学生的积极性，让学生在紧张刺激的环境中高度集中注意力，务求达到一次游戏就能牢牢记住汉字的目标。

【适用范围】

所有进行识字教学的课程都适用。

汉字还原

【准备材料】

教师根据所学课文的生字，制作部件卡片。学生先对所学课文的生字进行预习，并找出每一个生字的形近字。

【游戏做法】

课上，把学生分成四至六个小组。教师对本课的某一个生字进行部件拆分，并将其中一个部件展示在黑板上，每个小组派一个代表出来在规定的时间内还原课文中有该部件的生字，另外再写出三个课文外具有该部件的字。写得又快又对的小组获胜。

【过程说明】

（1）教师所用到的生字一般不适用独体字，在学习过程中可以将独体字单独拿出来记忆，或者找到有该独体字部件的字，用减一减的方法来识记。

（2）每个小组的组员都必须出来一次，不能每次都是那一两个人。在规定时间内，各小组组员可以对本组的字词进行补充。

【合作要点】

分成四至六个小组，每组六至八人，同组成员要互相帮助，分工合作。

【游戏目的】

通过游戏，学生不仅可以熟记本课的字词，也可以通过看其他同学的书写，认识更多有该部件的字，还可以通过加一加或者减一减的方法来识字。

【适用范围】

所有识字教学都适用。

拔萝卜

【准备材料】

布置学生每人准备一张书写端正的汉字卡片，可以是刚学习的生字，也可以是以前学过的字。

【游戏做法】

把全班学生分成A、B、C、D四个小组，比赛时间为20分钟（或根据实际情况调整）。首先，用抽签的方式确定各小组的对决方进行淘汰赛。如A和B对决、C和D对决后，再由这两个组的胜方对决，最后决出冠军组。每组选出一名组长。由组长去"拔萝卜"，每个组员手里的卡片充当一根萝卜，卡片用白纸遮盖着。当组员被组长派上场时，手拿被白纸遮盖的卡片，根据汉字的部件，按照部件的顺序露出汉字的一半（只露出萝卜苗）。比如"黄"字，先出示共字头，对应组的组员可以快速地猜测这个是什么字，猜到答案的悄悄告诉小组长，由小组长大声地说出来。若回答正确，由小组长把该"萝卜"拔出来（没收卡片），作为自己组的战利品，并继续去拔对方组的"萝卜"。如果回答错误，则轮到对方组的组长来拔自己组的"萝卜"。以此类推，在规定时间内计算每组的"萝卜"数，最多的小组胜出。

【过程说明】

（1）两组开赛前由各自的组长猜拳来确定谁先开始"拔萝卜"。

（2）学生制作的卡片字体要足够大，而且必须是学过的字，在露出部分时必须是字的一半位置。

（3）组员猜出答案时不能大声说出来，一定要悄悄地告诉小组长，不能影响其他同学思考。

【合作要点】

六至八人小组合作，组员要密切配合组长去"拔萝卜"。训练学生学会如何根据自己的优势调整合作计划，如把难猜的字排在队伍前面等。

【游戏目的】

巩固加深学生对汉字的认识，增加识字量。

【适用范围】

适用于归类、复习的识字教学。

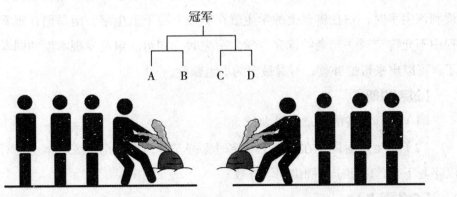

分成两组，每个组员手里的卡片充当一根萝卜，卡片用白纸遮盖着，从露出的偏旁部首中猜出这个字，就算是拔出了"萝卜"

我读你写

【准备材料】

教师准备一篇包含本篇课文生字的文章，制作成生字的PPT；红花贴纸若干。

【游戏做法】

全班按座位顺序分成四至六个小组，教师把生字的PPT投影出来。学生快速预习本课生字，先对字形有印象。然后，学生合起书本听老师读课文，当听到老师读到本课的生字时，立刻站起来（以最先站起来的学生为胜），老师就给站起来的学生贴上一朵红花作为标记，然后学生坐下，老师继续。一直到老师读完文章，每组获得红花最多的那一名学生到讲台上，老师重新读文章，当读到该生字时，站在讲台上的学生就在黑板上写下该生字，组员们在观看的过程中不允许交谈。当老师读完、学生写完时，同组的组员发现本组的同学写错了，可以出来帮忙补救，写对最多的小组获胜。

【过程说明】

（1）教师准备的文章不要太长。

（2）学生观看同学在黑板上写字时保持安静，自己也在练习本上把听到的汉字写下来，以便于帮同组同学补救。

【合作要点】

六至八人一组，师生合作，生生合作，充分调动学生互相配合、主动识字的兴趣。

【游戏目的】

调动学生集中精神认字，培养学生认真聆听的习惯。

【适用范围】

适用于新课识字教学。

踩地雷

【准备材料】

生字卡片若干。

【游戏做法】

全班按座位顺序分成四个小组，以小组为单位，每组请一名学生到讲台上面向黑板。老师从生字卡片中抽出四个生字作为"地雷"出示给台下的同学看（台下的同学可以用笔记下来），然后把卡片放回去。面向黑板的学生转过身来，每人从生字卡片中抽出一张卡片，轮流问台下的同学："我手上的字是'地雷'吗？"没抽中时，台下同学回答："不是'地雷'。"抽中时，台下就大声回答："是'地雷'，轰隆！"踩上"地雷"的学生回到座位上，该组就换另外一名同学上台，直到把第一批"地雷"都找出来。看哪一组踩雷的人数多，哪一组就为胜。

【过程说明】

（1）面向黑板的学生保持安静，不许回头。

（2）台下的学生在看到"地雷"后也要保持安静，不许有任何的示意。

（3）大家在回答是否为"地雷"时，要大声。

【合作要点】

生生合作，小组推荐上讲台的学生要认识、会读本课生字，其他学生都要配合台上的学生。

【游戏目的】

有意识地让学生把注意力集中在认字上面，达到巩固识字的效果。

【适用范围】

适用于所有识字教学。

《陀螺》游戏教案设计

【教材分析】

《陀螺》是部编版四年级语文上册第六单元的一篇精读课文，作者高洪波。本文主要通过回忆童年时"我"用小陀螺战胜了大陀螺的事，从中领悟的道理——人不可貌相，海水不可斗量。本文以"陀螺"作为线索，分成五部分：说陀螺、做陀螺、得陀螺、斗陀螺、悟陀螺。其中，斗陀螺是全文的核心内容，全文巧妙地从侧面写出了作者儿时由陀螺带来的心情变化。

【学情分析】

学生对游戏非常感兴趣，本文作者站在儿童的视角写游戏过程的真切感受，可以引起学生共鸣。内容贴近生活，充满童真童趣，通俗易懂，生动地呈现了儿童的生活，让学生感受到游戏带来的乐趣。

【教学目标】

（1）认识"钉、旋"等十个生字，掌握"钉、旋"两个多音字，会写本课的生字词。

（2）把课文读通顺，概括文章的主要内容。

（3）在体会比较深的地方做批注。

【教学重难点】

（1）在体会比较深的地方做批注。

（2）围绕"陀螺"厘清课文脉络，掌握做批注的方法。

【教学课时】

2课时。

【教学准备】

由于学生对陀螺玩具不太熟悉，要准备陀螺的实物或图片以及玩陀螺的视频。

◆ 第一课时 ◆

【教学过程】

（一）谈话导入，激发兴趣

师：同学们，你们最喜欢的玩具是什么？能给大家分享吗？玩具是儿时陪伴我们的朋友，也是一段难以忘记的回忆、一段难以割舍的情感。今天，我们一起来学习高洪波老师的充满童真童趣的《陀螺》，齐读课题。

（板书：陀螺）

（二）初读课文，整体感知

（1）自读课文，梳理内容。

（2）自由朗读课文，把生字词读准确，把句子读通顺。

（3）作者简介。

高洪波，男，笔名向川，诗人、散文家，1951年12月生于内蒙古，1988年毕业于北京大学中文系，1971年开始发表作品，1984年加入中国作家协会。先后出版《鹅鹅鹅》等十部儿童诗集，《说给缪斯的情话》等两部评论集，《波斯猫》《我喜欢你，狐狸》《醉界》《人生趣谈》《高洪波军旅散文选》等二十多部散文随笔。《我想》获全国第一届儿童文学优秀作品奖，散文集《悄悄话》获全国第三届儿童文学优秀作品奖。

（4）关于陀螺。

陀螺指的是绕一个支点高速转动的物体。陀螺是中国民间最早的娱乐工具之一，也作陀罗，闽南语称作"干乐"，北方叫作"冰尜儿"或"打老牛"，河北吴桥地区称为bo。陀螺形状上半部分为圆形，下方尖锐。从前多用木头制成，现代多为塑料或铁制。玩时可用绳子缠绕，用力抽绳，使其直立旋转，或利用发条的弹力旋转。传统陀螺大致是木质或铁质的倒圆锥形，玩法是用鞭子抽。现代已有用发射器发射的陀螺。当然，还有一些手捻陀螺十分普及。陀螺是青少年十分熟悉的玩具，风靡全世界。中国是陀螺的老家，从山西夏县新石器时代的遗址中就发掘了石质的陀螺。可见，陀螺在我国至少有四五千年历史。

（5）概括文章的主要内容。

课文主要讲了一件什么事？请按照文章的思路排序（　　　）。

①叔叔答应"我"在生日那天送"我"一只陀螺。

②"我"尝到了胜利的滋味，无比自豪。

③介绍"冰尜儿"。

④"我"不服输的个性，自己制作"冰尜儿"的经历。

⑤介绍"冰尜儿"的制作方法和玩法。

教师总结：请同学们根据以上内容找出相应的段落，再自己复述一遍主要内容，加深印象。

（三）学习生字

游戏认字（一）

游戏规则：教师按小组分发卡片，每组的卡片内容一样，且都有部首的黄色卡片和部件的红色卡片。当教师念到需要学习的字时，每个小组的成员迅速反应自己是否有符合这个字的部首或部件，符合且最快答对的小组为胜利组。

游戏认字（二）

游戏规则：教师提前准备好扑克牌同等大小的卡片，每组一份同样的卡片且每个学生都能分到两张卡片。把每组的卡片顺序打乱后交给每个小组，小组成员每人抽取两张卡片，并按顺时针方向抽取左边同学的一张牌，以此类推，先组成一个词语的成员为胜利者，最快完成的小组为胜利组。

教师总结：本课有两个多音字，可以联系课文语境来区分。认读"钉"时，要知道在表示事物名称时读dīng，例如钉子、斩钉截铁，表示动作时读dìng，例如钉箱子、钉纽扣。认读"旋"时，要知道在"旋转、盘旋"等词语中读xuán，在"旋风"中读xuàn。

在书写生字时要注意，如左右结构的字要遵循左右同宽或左窄右宽的原则。容易写错的字，如"旋"容易漏写右上边的部分，"仍"容易多加一撇，"尤"容易多加一撇，"恨"右上边容易多加一点，"帅"容易写成"师"，"预"左边容易多加一撇变成"矛"，请学生注意区分。

（四）自主学习，做批注

（1）无论嵌上滚珠，还是钉上铁钉，冰尜儿都不会裂开，能毫无怨言地让你抽打，在冰面上旋转、舞蹈。

师：这里你能做什么批注呢？

生：我感受到了冰尜儿很顽强，还有它带给作者乐趣，作者很喜欢它。

师：对的，可以从自己的感受来做批注。

（2）抽冰尜儿的小伙伴们，都爱比个高下。他们往往各站一角，奋力抽转自己的冰尜儿，让它朝对方撞去。

师：同学们，"都爱比个高下""奋力"这些词说明了什么？应该如何批注呢？

生：我觉得"都爱比个高下"说明小伙伴们都很好胜，"奋力"一词体现冰尜儿奋勇搏斗的精神。

师：这里可以从自己的理解来做批注。

（3）因此，曾有很长一段时间我的世界堆满乌云，快乐像过冬的燕子一般，飞到一个谁也看不到的地方去了。

师：这里为什么会说"快乐像过冬的燕子一般"呢？

生：这里运用了比喻的修辞手法，把快乐比作过冬的燕子，因为作者没有高质量的陀螺而懊恼、不高兴。

师：可以从写法上来做批注。

（4）尤其当我看到这枚"鸭蛋"的下端已嵌上一粒大滚珠时，更是手舞足蹈，恨不得马上在马路上一显身手！

师：这里又如何做批注呢？"手舞足蹈""恨不得"说明作者的心情怎么样？

生：我体会到了作者当时收到礼物非常开心，对礼物很满意，体会到他迫不及待的心情。

师：可以从心得体会来做批注。

师：同学们，这节课你已经学会了做批注的方法，可以从写法、体会、理解、疑问等方面进行批注，又比昨天的自己更进一步！

（5）课堂练习。

①在带点字的正确读音上画"√"。

铁钉（dīng dìng）　　　旋（xuān xuán）转　　　帅（shuài shài）气

② 看拼音写词语。

fǒu zé　　　　kuàng qiě　　　　réng rán　　　　yù liào

（　　　）　　（　　　）　　　（　　　）　　　（　　　）

③ 仿写词语。

兴致勃勃（ABCC）＿＿＿＿＿　＿＿＿＿＿　＿＿＿＿＿

◆◆ 第二课时 ◆◆

【教学目标】

（1）抓住课文内容体会人物的心情变化。

（2）理解和体会"人不可貌相，海水不可斗量"的含义。

【教学重难点】

（1）抓住课文内容体会人物的心情变化。

（2）理解和体会"人不可貌相，海水不可斗量"的含义。

【教学过程】

（一）复习导入

（1）听写字词：否则、旋转、况且、士兵、失败、仍然、尤其、恨不得、帅气、预料、品德、溃败、丑小鸭、自豪。

（2）师：今天我们继续学习第20课，齐读课题。

（二）深入学习课文

设置游戏情境。

教师在卡片上写上心情的词语，如郁闷、恍惚、兴奋、忧愁、无奈等，分成若干组，请每组的一名成员抽签，把抽到的词语表现出来，让同学们猜，猜中最多的为获胜组。

（1）学习第1、2自然段。

① 陀螺又叫什么？陀螺的构造是怎样的？默读第1、2自然段。

（板书：冰尜儿）

② 自由读、指名读、体会读，学生说印象。

（2）学习第3—5自然段。

①指名学生读。

②小伙伴们是怎样玩陀螺的？在课文中画出来。（抽冰尜儿、赛陀螺）

③第4自然段中哪一句是比喻句？把什么比作什么？

（"曾有很长一段时间我的世界堆满乌云，快乐像过冬的燕子一般，飞到一个谁也看不到的地方去了。"这句话把"快乐"比作"燕子"）

比喻句形象地写出了"我"得不到陀螺的郁闷心情。

（板书：郁闷）

④"这消息曾使我一整天处于恍惚的状态，老想象着那只陀螺英武的风姿。"这句话说明了什么？

（"我"对陀螺的痴迷程度已经到了忘我的境界）

（板书：恍惚）

（3）学习第6—11自然段。

①学生交流、讨论，教师范读，学生一边听一边思考："谁的陀螺最棒？"

②"尤其当我看到这枚'鸭蛋'的下端已嵌上一粒大滚珠时，更是手舞足蹈，恨不得马上在马路上一显身手！"这时"我"的心情是怎样的？

（板书：兴奋）

（4）学习第12—13自然段。

学生自由朗读，讨论、合作学习。

师：你是怎样理解"人不可貌相，海水不可斗量"的？

生：这句话深刻地告诉了我们一个道理：不能只根据外貌评估一个人的才能、品质和行为。

（板书：人的才能、品质、行为）

学生齐读，学生讨论。

（三）拓展迁移

做小游戏：选一名会玩溜溜球的学生上台表演。请同学们认真观察他的动作过程，思考下列问题。

师：用几个动词描写这名同学玩溜溜球的过程。精湛的技艺不是一朝一夕养成的，在这精彩的表演中，你发现了什么道理？

（四）布置作业

师：请同学们把刚才看到的玩溜溜球的过程、领悟到的道理用文字描述出来吧！

【板书设计】

陀螺

冰尜儿

郁闷

恍惚

兴奋

人的才能、品质、行为

《普罗米修斯》游戏教学设计

【教材分析】

《普罗米修斯》一文出自部编版四年级上册第四单元。本单元的要求是学习神话故事，了解故事的起因、经过、结果，把握文章的主要内容，感受神话神奇的想象和鲜明的人物形象。本文主要讲普罗米修斯为了解除人类没有火种的困苦，不惜触犯天规，勇敢地盗取天火，从而给人类带来光明和智慧，并与宙斯进行不屈不挠的斗争的动人故事。在教学过程中，教师应该帮助学生借助课文的具体语言材料，了解普罗米修斯的英勇壮举，感悟其感人的品质，让学生受到情感上的熏陶。

【学情分析】

本单元是神话单元。神话故事生动有趣，可读性很强，故事里面塑造的人物往往具有神秘性，故事里面的环境很多是学生没有接触过的，因此学生对于神话可以说是充满向往、满心喜欢的。兴趣是最好的老师，学生感兴趣，教学就已经成功了一半。在学习当中，教师只需要适度点拨，让学生找出故事的起因、经过、结果，并且能够根据这三点来复述故事情节。另外，趁着学生兴趣高涨，展开课外阅读。

【教学目标】

（1）学习本课生字，会写"悲、惨、兽、佩"等十四个生字。

（2）流利正确地朗读课文，读准确众神的名字。

（3）找出故事的起因、经过、结果，并按照这个顺序复述故事。

（4）感悟普罗米修斯为人类造福、不屈不挠的精神。

【教学重难点】

（1）会写本课的十四个生字。

（2）能找出故事的起因、经过、结果并复述故事。

（3）抓关键字句感悟普罗米修斯为人类造福、不屈不挠的精神。

【教学课时】

2课时。

【教学准备】

（1）制作好课件、本课汉字台历。

（2）布置学生每人收集一个神话故事。

（3）学习任务单。

◆◆ 第一课时 ◆◆

【教学过程】

（一）谈话导入，揭示课题

1. 重温旧知识

师：同学们，通过之前的学习，你们阅读过哪些中国古代神话传说？

生（预设）：《盘古开天地》《女娲补天》《夸父逐日》《精卫填海》等。

师：同学们积累得可真不少。（出示各课学习过的神话故事图片）

师：哪位同学可以给我们讲一个神话故事？（学生回答，要求其他同学学会倾听）

师：神话故事不分国界、不分肤色、不分年代，每一个有人类诞生的地方

都有神话故事。这节课，我们一起感受国外的神话故事。（出示课题《普罗米修斯》并板书课题，全班齐读课题，读准确人物的名字）

2. 普罗米修斯简介

普罗米修斯是古希腊神话传说中的神。普罗米修斯与智慧女神雅典娜共同创造了人类，并教会了人类很多知识和技能。

（二）初读课文，学习字词

1. 默读课文

（1）将本课中的生字圈出来。

（2）想一想，围绕着普罗米修斯发生了一件什么事情。

2. 字词检查

（1）师：同学们读得都非常投入，下面我们来玩个闯关游戏，你们做好接受挑战的准备了吗？

游戏名称：记写大比拼。

游戏规则：课前，老师已经制作好一个汉字台历，台历上每一页都有本课的一个生字（共14页）。老师会在2分钟内将台历的内容逐一翻一遍，学生合上书本，认真看，边看边记。时间一到，老师把台历合起来，然后请每个组的学生到黑板上按照顺序写出刚才老师展示的内容。（班里有多少个小组，就由多少个小组同时进行）在规定的时间内，能按顺序写，并且正确率最高的小组获胜。

游戏要求：

① 比赛之前，请每个组的组长安排好每个组员要记哪几个生字。有些小组是七个人的，就安排每人记两个字；有些小组是八个人的，就安排两个同学各记一个字，根据实际情况操作。

② 安排好出场的顺序。

③ 时间是固定的，如果实在写不出来，要求组员马上回来，不浪费其他组员的时间。

④ 在规定的时间里允许同组的同学进行补写。

（2）师：刚才的比拼太激烈了，下面我们进行第二轮比赛。请大家拿出学习单，完成第一题"看拼音，写词语"。

游戏要求：

① 听到老师的指令后开始写。

② 老师说时间到，马上停笔。

③ 小组之间交换批改，老师巡查，做最后的总结。写错的字在两个以内，即为胜出组。

备注：不能翻看书本。

（3）师：经过激烈的两关比拼，大家对我们这篇课文的字词已经比较熟悉了，下面，我们进行最后一轮比拼。请大家继续拿出任务单看第三题"形近字组词"。

游戏要求：

① 听到老师的指令后开始写。

② 老师说时间到，马上停笔。

③ 小组之间交换批改，老师巡查，做最后的总结。写错的词组在两组以内，即为胜出组。

备注：不能翻看书本。

3. 概括课文主要内容

小组间互相合作，得出答案。

游戏规则：以小组为单位，在10分钟之内，每个组员都要说一次主要内容，选出一人作为记录人，将大家说的内容适当记录下来。所有成员都完成后，记录人按照大家的意见将每人的答案都复述一遍。再根据所要填的空，把每个最恰当的答案选出来，由记录人负责填写完整，最后再读给大家听，看看是否需要再修改。最后选出一位汇报员，作最后的汇报。

在普罗米修斯的身上发生了一件什么事情？

本文主要写____为了____，勇敢地____，给人类带来____，因而受到____，最终____，获得____的故事。

（答案：本文主要写普罗米修斯为了解除人类没有火种的困苦，勇敢地盗取火种，给人类带来光明和智慧，因而受到宙斯的严厉惩罚，最终被大力神相救，获得自由的故事）

4. 小结

师：同学们，这节课我们主要学习了文章中的十四个生字，并且了解了这个故事的主要内容。下节课，我们将继续学习这个故事的起因、经过和结果是什么以及普罗米修斯是一位怎样的天神。最后我们一起来读一遍本文的生字词，结束本节课。（出示本文的生字词，学生齐读）

◆◆ 第二课时 ◆◆

【教学目标】

（1）了解故事的起因、经过、结果。

（2）感悟普罗米修斯的精神。

【教学重难点】

（1）了解故事的起因、经过、结果。

（2）感悟普罗米修斯的精神。

【教学过程】

（一）复习导入

（1）师：同学们，上节课我们初步了解了《普罗米修斯》这篇课文的主要内容，这节课我们继续学习普罗米修斯是怎样取走火种的，被发现后他又遭遇了什么，我们一起走进课文来看一看吧。

（2）出示本课生字，学生齐读一遍，点名读（选两三个基础较为薄弱的学生）。

（3）认字大比拼。

① 游戏名称：你举我写。

② 游戏准备：每人制作一个本篇课文的汉字卡片，可以是生字，也可以是其他的字。

③ 游戏做法：以小组为单位，每个组员手里都有一个汉字的卡片，每组派代表进行抽签产生相互对决的两个小组。小组A的每个组员轮流站起来，挑战小组B相对应的组员（A组第一个对应B组第一个，以此类推，如遇人数不对应，则再从第一个开始）。等A组的每个组员向B组的组员展示所有字卡后，B

组的组员按顺序轮流到黑板上写出相对应的汉字，正确率最高的小组获胜。反之，又轮到B组向A组展示字卡，A组的组员轮流到黑板上写，以此类推。

过程说明：观看对决的其他小组，也要留意两组之间的对决，当到黑板上的组员不能写出相对应的汉字时，其他组员可以进行补写，所得分数计入写对的小组上。最后总结结果，能够按对手出示的汉字顺序写出来，并且正确率最高的小组获胜。

（二）学习课文，领悟情感

（1）齐读第1、2自然段，思考没有火和获得火种后，人类的生活各是怎么样的。

（先找到答案的学生举手，回答正确可以代表本组获得一颗星星奖励）

（明确：没有火，人类只能吃生的东西，在无边的黑暗中度过一个又一个长夜；有火后，人类开始用它烧熟食物、驱寒取暖，并用火驱赶危害人类安全的猛兽……）

（2）拓展练习，照样子说一说。

（同桌间互相先说一说，最后小组代表发言，回答正确代表本组获得一颗星星奖励）

自从有了火，人类从（黑暗）走向（　　　）；

自从有了火，人类从（寒冷）走向（　　　）；

自从有了火，人类从（危险）走向（　　　）。

（3）想一想：人类还可以用火来做什么？

（明确：烧制陶器、传递信号等）

（4）这个故事的起因，能够总结出来吗？

完成学习单第三题"起因"。

① 明确：普罗米修斯看到人类饱受没有火的折磨，从天上盗取了火种。

师：同学们，普罗米修斯盗取火种后，等待他的是怎样的惩罚和痛苦呢？请同学们默读第3—8自然段，完成学习单第三题"经过"。字字入目、句句入心地读，去发现和感悟他所承受的惩罚和痛苦。

② 明确：宙斯狠狠地惩罚了普罗米修斯，但是他始终没有屈服。

课件出示：普罗米修斯的双手和双脚戴着铁环，被死死地锁在高高的悬崖上。他既不能动弹，也不能睡觉，日夜遭受着风吹雨淋的痛苦。

学生抓关键词谈体会："死死地锁在""既不能……也不能……""风吹雨淋"。

③教师故意漏读"死死地"，要求学生仔细听，漏掉"死死地"有什么不同。

④带着自己的感受朗读"死死地锁在高加索山上"这一句。

师："风吹雨淋"是一种怎样的痛苦？你仿佛看到了什么？听到了什么？仿照例子说一说。

例：炎炎夏日里，太阳炙烤着大地，岩石在燃烧，普罗米修斯双唇裂开，渗出血丝，但他仍然坚定地望着远方……

寒冬腊月里……

漫漫长夜里……

狂风暴雨里……

（三）有感情地朗读第6自然段，再次体会普罗米修斯被锁在高加索山的痛苦

（1）承受风吹雨淋，普罗米修斯的痛苦就完了吗？

全班再读第7自然段，进一步感受普罗米修斯所承受的痛苦。

（明确：抓关键字词凶恶、尖利、啄食、永远没有尽头了）

（2）可以用哪些词语来形容他的感受？

（明确：撕心裂肺、生不如死、痛不欲生……）

尽管承受风吹雨淋，承受被鹫鹰啄食肝脏的痛苦，但他就是不肯屈服。齐读第5自然段，感受他的坚决。

（3）演一演，体会人物的精神品质。

①师生合作，创设对话，高加索山的上空传来了宙斯震怒的声音。

宙斯：普罗米修斯，你知道错了吗？

普罗米修斯：为人类造福，我有什么错？

宙斯：只要你向我认错，并归还火种，我马上放了你。

普罗米修斯：我没有错，不管你怎么惩罚我，我都不会认错的。

宙斯：你再不认错，我将永远把你锁在这里，你将永远承受这风吹雨淋、被鹫鹰啄食肝脏的痛苦，永世不得翻身。

普罗米修斯：为人类造福，我没有错，不管要承受什么样的痛苦，我都不怕，我决不会认错，更加不会归还火种。

宙斯听了，愤然而去……

（明确：普罗米修斯是一个坚强不屈、造福人类的人）

②改一改。

师：尽管承受巨大的痛苦，但普罗米修斯一直没有屈服。"许多年来，普罗米修斯一直被锁在那个可怕的悬崖上。"请将"许多年来"改成一个具体的数字"三万年来"。仿照例子说一说。

三万年来，普罗米修斯既不能动弹也不能睡觉，日夜遭受风吹雨淋的痛苦。

三万年来，普罗米修斯每个晚上都忍受着鹫鹰用尖利的爪子牢牢抓住他的膝盖并用尖利的嘴巴啄食他的肝脏。

三万年来，普罗米修斯一直被锁在那个可怕的悬崖上。

…… ……

（明确：普罗米修斯是一个不屈不挠的人）

（四）感悟人物精神品格

（1）从以上的对话中我们可以看出普罗米修斯是一个怎样的人？完成学习单第四题。

（明确：造福人类、坚强不屈、不屈不挠）

（2）师：请在课文插图旁边写一写你想对他说的话。

（3）普罗米修斯坚强不屈的精神最终感动了谁？结果如何？填写学习单第三题"结果"。

（明确：大力士赫拉克勒斯挽弓搭箭，射死了鹫鹰，又用石头砸碎了锁链，救了普罗米修斯）

（五）欣赏《普罗米修斯赞歌》

高山险峻，铁链加身。

烈日如火，暴雨如注。

但沉重的铁链只能锁住你的身躯，

却怎能锁住那颗坦荡无私的心！

难道仅仅是物质的火种吗？

不，你给予我们的，

是生生不息的精神火种！

勇敢、坚强、博爱、无私，

这就是你——普罗米修斯！

（六）阅读推荐

《古希腊神话故事》。

（七）课堂小结

师：古希腊的圣火一直烧到我们21世纪，让我们用普罗米修斯的精神之火，点燃我们的智慧之火、创造之火、爱心之火、生命之火……

【板书设计】

普

罗　起因　普罗米修斯盗取火种

米　经过　普罗米修斯被锁在高加索山上受尽折磨

修　结果　赫拉克勒斯救了普罗米修斯

斯　造福人类、坚强不屈

第三章

词语积累教学

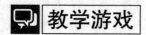

词语接龙

【准备材料】

教师准备几个课文中需要掌握的词语作为接龙开头的词语。

【游戏做法】

把全班学生分成六个小组，教师随机出示准备的一个词语，然后让各小组轮着用这个词语的最后一个字或者其同音字作为下一个词语的开头说一个词语，依次进行。

例1：教师出示"中国"一词，各小组就要接着下面的词语，如中国—国家—家人—人民—民众—众多。

例2：教师出示"书本"一词，各小组就要接着下面的词语，如书本—奔跑—刨土—突出—处理—里面。

当轮到的小组超过10秒不能再接龙的时候，这个小组就被淘汰。教师继续开展接龙比赛，一直坚持到最后的小组就为获胜组。

【过程说明】

（1）教师出示的词语可以是两个字的词语，也可以是三个字、四个字的词语。

（2）同组学生必须选出一位代表发言，其他学生必须互相合作、认真倾听，当代表不能发言时，要及时回答，补充词语。

【合作要点】

分为六个小组，五至八人合作。增强分工合作、短时间商量和及时补充的应变能力。

【游戏目的】

训练学生快速应答的能力，增加学生的词汇积累。

【适用范围】

适用于词语积累教学和词语复习教学。

词语花园

【准备材料】

教师需要准备与学生的小组数量相同的白纸和颜色笔，并在白纸上画出花朵的中心部分和花瓣。

【游戏做法】

教师将一个词语写在花朵的中心部位，让学生在花瓣上写出与老师已给出的词组相搭配的词组。

学生六个人为一个小组，用颜色笔在花瓣上补充用来搭配的词语，最后看哪一个小组的花瓣最多、最好看。

【过程说明】

（1）同组答案不能重复，学生书写时，可以由一个学生负责写，其他学生进行补充，要求小组成员共同完成，书写工整。

（2）每一片花瓣可以写一个词组，花朵的花瓣数量不限，不够花瓣数量时可以继续增加，直到回答不出为止。

（3）花朵中心的词语可以换成任何需要练习的词语，可以是量词、动词、形容词、副词等。

（4）在进行游戏时，每个小组所给的中心词可以是相同的，也可以是不同的。

【合作要点】

四至六人合作，训练分工合作，认识到共同合作才能成功。

【游戏目的】

巩固学生所学的词语搭配，加深学生对词语的记忆，丰富学生的词汇量。

【适用范围】

适用于词语的搭配复习。

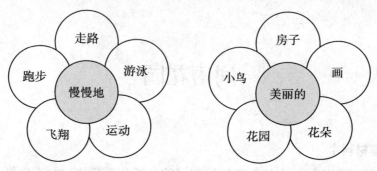

先用白纸画好圆圈"花朵"，在花心中间的圆圈内写上形容词，
让学生在其他空白的"花瓣"圆圈上搭配词语

动物王国

【准备材料】

教师需要准备多种动物玩具或彩色图片，如马、龙、老鼠、老虎、狗等。

【游戏做法】

学生分为A、B两组进行比赛。教师随意拿起一个动物玩具，学生则要根据教师出示的动物玩具说出带有该动物的四字词语。例如教师出示玩具狗，学生需要回答出"狗急跳墙、鸡飞狗跳、鸡犬升天"等含有动物"狗"的四字词语。答对加1分，加分不封顶。本组的同学可以互相讨论、分工合作、去准备应对。全部内容完成后，得分最高的小组获胜，输了的小组要表演节目（可唱关于动物的歌曲或者模仿指定动物的叫声）。

【过程说明】

教师可以提前告知学生此游戏的规则，让学生提前积累含有动物的四字词语。

（1）学生人数多的班级可以分成四个小组进行比赛，以抢答的形式进行，说过的词语不能重复。

（2）在游戏开始前，教师提醒各小组的学生要互相合作，合理分工回答。如先把常见的动物分工想一想有关的词语，当老师出示相关动物名称时，对应负责的学生要第一时间回答。

（3）四字词语中动物的个数和位置可以不限。

（4）同一种动物可用不同的字表达，如"狗"也可以用"犬"表示，但是词语不可以重复使用。

【合作要点】

可以多人合作，如要获胜必须学会合理分工、互相帮助。

【游戏目的】

让学生积累、复习有关动物的四字词语，扩大学生的词汇量。

【适用范围】

适用于含有动物的四字词语教学。

数字王国

【准备材料】

教师需要准备写有"一、二、三、四、五、六、七、八、九、十、百、千、万、亿"这十四个语文数字的卡片或图片。

【游戏做法】

学生分为A、B两组进行比赛。教师把卡片顺序打乱，随意抽一张展示，学生需要根据教师出示的数字说出带有该数字的四字词语。例如，教师出示数字"一"，学生就回答"一心一意、独一无二、一目十行"等含有数字"一"的四字词语。答对加1分，全部内容完成后，得分最高的小组获胜，获胜小组得到"数字词语小能手"称号。

【过程说明】

（1）教师可以提前告知学生此游戏的规则，让学生分工合作，提前准备好含有数字的四字词语。

（2）学生人数多的班级可以分成四个小组进行比赛。

（3）词语中数字的个数不限、位置不限，若是学生的基础好，就可以限制数字的位置是四字词语的哪一个字，但不能重复。

【合作要点】

分组合作，训练学生合理分工、互相配合、共同进步。

【游戏目的】

学生积累、复习有关数字的四字词语，扩大学生的词汇量。

【适用范围】

适用于含有数字的四字词语教学。

植物乐园

【准备材料】

教师需要准备多种植物卡片或者准备植物的小盆栽，如各种花、草、树、叶等。

【游戏做法】

学生分为A、B两组进行比赛。教师随机出示一张植物图片或随机拿起一种植物，学生需要根据教师出示的植物图片说出带有该植物的四字词语。例如，教师出示"花"的图片，学生就回答"百花齐放、柳绿花红、鸟语花香"等含有"花"的四字词语。答对加1分，加分不封顶。本组的同学可以互相讨论、分工合作、准备应对。全部内容完成后，得分最高的小组获胜，获胜的小组奖励一株植物小盆栽。

【过程说明】

（1）教师可以提前告知学生此游戏的规则，让学生提前查找含有植物的四字词语。提醒各小组的学生要互相合作，合理分工回答。如先分工查找有关的成语，然后选一名小组长负责收集。当老师出示相关植物名称时，对应负责的学生要第一时间回答。

（2）学生人数多的班级可以分成四个小组进行比赛，以抢答的形式进行，说过的词语不能重复。

（3）四字词语中可含有不止一种植物，如柳绿花红。

【合作要点】

可以六至十人合作，训练学生合理分工、互相配合的能力。

【游戏目的】

积累、复习有关植物的四字词语，扩大学生的词汇量。

【适用范围】

适用于含有植物的四字词语教学。

五颜六色

【准备材料】

教师需要准备多种颜色的卡纸，如白色、红色、绿色、黄色、紫色、黑色等。

【游戏做法】

学生分为A、B两组进行比赛。教师要随机出示一张颜色卡纸，学生则需要根据教师出示的颜色卡纸说出带有该颜色的四字词语。例如，教师出示"红色"卡纸，学生就回答"花红柳绿、姹紫嫣红、红光满面"等含有"红"的四字词语。答对加1分，加分不封顶。本组的同学可以互相讨论、分工合作、准备应对。全部内容完成后，得分最高的小组获胜。

【过程说明】

（1）教师可以提前告知学生此游戏的规则，让学生提前查找关于颜色的四字词语。提醒各小组的学生要互相合作，合理分工回答。如先分工查找有关颜色的成语，然后选一名小组长负责收集。当老师出示相关颜色时，对应负责的学生要第一时间回答。

（2）学生人数多的班级可以分成四至六个小组进行比赛。

（3）学生的四字词语储备不够的话，可以换成含有颜色的三字词语，如红彤彤、绿油油、白花花等。

【合作要点】

小组合作，训练学生合理分工、互相合作完成任务的能力。

【游戏目的】

让学生积累、复习有关颜色的词语，扩大学生的词汇量。

【适用范围】

适用于含有颜色的四字词语教学。

你正我反

【准备材料】

教师提前布置，让学生准备好本学期（或本单元）学过的词语或教师指定的词语。

【游戏做法】

学生分成四至六个小组，两两对决。比赛开始时，由对决的两个小组抽签决定谁先出题，两组学生轮流回答对方所给出词语的反义词，如开心—伤心、美丽—丑陋、黑—白、开—关等。每小组出十个词语为一次，轮流对答，答对一个词得1分，在老师规定的时间内看谁得分高。

【过程说明】

（1）游戏中，两个小组成员轮流答题，有不会的可以向同组的成员求助。

（2）出题者给出的词语可以是一至四个字的词语，答案也必须相对应。如有争议，可由老师来裁决。

（3）如果时间允许，各对决组获胜的小组再组成赛事组继续比赛。

【合作要点】

四至八人合作，可以选出小组长，由小组长指挥本组成员对决的顺序，锻炼协调能力。

【游戏目的】

让学生积累、复习反义词和含有反义词的四字词语，扩大学生的词汇量。

【适用范围】

适用于学完一个单元或一个学期进行反义词复习。

你来我往

【准备材料】

教师布置学生收集歇后语。

【游戏做法】

学生分成四至六个小组，两两对决。游戏开始时，先由A组每人说一个歇后语的前半部分，如"小葱拌豆腐——_____" "孙悟空大闹天宫——_____"等，B组同学用依次回答或者抢答的形式把该歇后语的后半部分"一清二白" "慌了神"回答出来。完成后，两组角色互换，进行的速度越快越好，回答越准确越好。

【过程说明】

（1）学生在课堂上学到的歇后语不多，教师可以指导学生在课后自行收集一些歇后语作为准备。

（2）两组的组员可以排列相对应的顺序进行游戏。在游戏过程中，小组中有组员不能回答时，可以向该小组的其他成员求助。

【合作要点】

小组组员相互合作、互相配合、互相帮助，共同进步。

【游戏目的】

帮助学生积累更多的歇后语，提高学生学习的兴趣，锻炼学生的语言灵活性。

【适用范围】

适用于学生掌握了相当数量的歇后语后进行复习巩固和拓展。

我是印刷匠

【准备材料】

教师需要准备一些有特殊结构的词语，如AABB结构、ABCC结构、AABC结构、ABAC结构、ABB结构等。

【游戏做法】

游戏开始时，教师出示三个相同结构词语，如开开心心、干干净净、认认真真。学生观察词语的特殊结构，说出该特殊结构是什么结构，然后说出与出示的词语相同结构的词语。把学生分成八至十人一组，以开火车的形式作答，词语不可重复，如本组学生没有被"卡住"，火车就继续让该组学生重复"行驶"下去，看看哪组的火车开得最长。

【过程说明】

（1）游戏前，教师先让该组学生讨论10分钟，让学生充分准备。

（2）教师可以选择不同形式进行，可以说，也可以写。

（3）在一次游戏中，教师可以和学生玩几个不同结构的词语。

（4）游戏开始前，需要喊口令。教师说"我是印刷匠"，学生接"印刷本领强"。

【合作要点】

八至十人合作，主要是在开始游戏时充分发挥学生互相合作和分工应对的能力。

【游戏目的】

让学生复习所学的特殊结构词语，拓展学生的词汇量。

【适用范围】

适用于特殊结构词语的教学。

你比我猜

【准备材料】

教师准备若干词语，如羊入虎口、彩虹、跑步等。

【游戏做法】

教师提前把学生分成四至六个小组进行游戏。游戏开始时，各小组派一名学生上台在准备好的词语中抽一个，然后用语言解释或用动作表演出词语的意思（但不能说出该词语），其他同学负责猜词语，看在规定时间内哪组猜得又对又多。

【过程说明】

（1）游戏中，表演的学生可以随时进行更换，也可以指定一个人。

（2）一组猜词语的时候，其他小组不得提示和干扰。

（3）游戏时，表演的学生可以只用肢体语言表达，也可以手口并用进行表达。

（4）各小组的学生在观看本组同学表演时，可以互相讨论，最后作出回答。

【合作要点】

四至六人合作，游戏前做好充分准备，提高同学之间的合作默契性。

【游戏目的】

强化学生对词语的理解，增强词语学习的趣味性。

【适用范围】

适用于词语教学。

词语扑克

【准备材料】

教师指导每名学生都准备四十五张本学期需要熟记的词语所做成的卡片，样式、大小与扑克牌相似。

【游戏做法】

学生分小组进行游戏。学生每四人围成一圈或组成一个小组，每名学生都手拿词语卡片。游戏的玩法与扑克牌的玩法相似，每人需轮流出一张词语卡来考同组的一名同学。如果该名同学读不出来，就需要把卡片拿走；如该名同学能读出词语，则把词语卡放在四人中间。谁的词语卡片最快出完谁就胜出。

【过程说明】

（1）每张词语卡片只能写一个词语，词语可以是两个字，也可以是三个字或四个字。

（2）游戏时，出卡片的学生可以考同组的其他三人中任意一个，也可以按照顺时针的顺序轮换。

（3）拿走的卡片可以加到学生已有的卡片中继续考其他同学，也可以放在指定位置进行记分。

（4）如果班里学生的人数较少，也可以每三人为一个小组进行游戏。

【合作要点】

三至四人合作，互相认识词语，促进全班同学共同进步。

【游戏目的】

强化学生对词语的记忆，增强词语学习的趣味性。

【适用范围】

适用于词语复习教学。

你摆我读

【准备材料】

每名学生都准备一副本学期要熟记的词语所做成的卡片。

【游戏做法】

同桌进行游戏。其中，学生A在自己的桌面上摆一张词语卡，学生B就把该词语读出来。学生A一边摆卡片，学生B一边读词语。学生A摆完后，两人交换，变成学生B摆卡片，学生A读词语。如果同学不会读，就要带他跟读三次后再继续。

【过程说明】

（1）词语卡片的词语可以是两个字，也可以是三个字或四个字。

（2）摆卡片时，学生需要把卡片随机摆，不能按顺序摆。

（3）收词语卡片时也是一样，可以玩"你读我收"游戏，即学生A读词语，学生B收卡片，完成后互相交换。

【合作要点】

两人合作，带动全班同学齐齐参与互相认识词语和帮助不会的同学，共同进步。

【游戏目的】

强化学生对词语的记忆，增强词语学习的趣味性。

【适用范围】

适用于词语教学。

见题背诗词

【准备材料】

学生自己制作卡片，卡片正面写上古诗词的题目及诗人的名字，反面写古诗词的诗句。

【游戏做法】

把学生分成四至六个小组，两组对决，如A、B两组对决，两组人数相等。A组学生依次出示卡片正面的诗题去考B组学生，B组同学看诗题背古诗。比如，A组第一名学生出示的卡片上写着《春晓》，B组第一名学生必须在30秒内背出该首古诗的内容，接着A组第二名学生再出示古诗的题目，B组相对应的学生背古诗内容。B组所有成员回答完毕，再反过来由B组学生依次出题，A组学生依次背诗。在规定时间内回答正确的学生分别为所在的小组获得1分，背不出则该组减1分。最后统计两个小组的分数，得分高的小组获胜。

【过程说明】

游戏期间，两组人员必须保持安静，被考的小组成员之间不可互相提醒，被考到的学生若在规定时间内背不出来，则出题一方出示答案，答题方就要把整首古诗完整地朗读一次。

【合作要点】

六至十人合作，互相提问、互相巩固古诗词，同时考查本组学生互相配合与分配同学先后组合的领导能力。

【游戏目的】

强化学生对古诗词的记忆。

【适用范围】

适用于古诗词教学、复习古诗词、诗词积累。

对答如流

【准备材料】

制作卡片，卡片的正面写古诗词的前一句，空出后一句；或者写后一句，空出前一句。卡片背面写整首古诗，并在所考的诗句下面画上横线强调（仅限学过的古诗）。

【游戏做法】

（1）学生两人一组，摆出自己的卡片去考对方，每轮十道题，在规定时间内，准确率高者胜。若正确率一样，则用时短者胜。第一轮胜出的学生组成新的两人一组进行第二轮游戏，第二轮胜出者进行第三轮，以此类推，最后决出班内的"诗词小达人"。

（2）学生两人一组，一人说上半句，另一人接下半句。比如A：床前明月光，B：疑是地上霜。再如A：床前，B：明月光；B：疑是，A：地上霜。如此反复练习。对完后，两人齐读整首诗。

【过程说明】

每组游戏时间规定为2分钟，共十道题，每人回答五道题。在游戏过程中，一方摆出卡片，另一方回答，回答完毕后则互换答题。在规定时间内，准确率高者胜，若正确率一样，则用时短者胜。旁观的同学不得提醒，比赛结束后则要把不会的古诗词完整地朗读一次或抄写一次。

【合作要点】

两个人合作，推动全班学生齐齐参与合作学习，互相帮助、互相提高。

【游戏目的】

提高学生的反应能力，增加古诗词的积累。

【适用范围】

适用于诗词积累、课间游戏。

我是啄木鸟

【准备材料】

教师准备古诗词卡片，并将诗词中的某些字词或诗句故意写错。

【游戏做法】

学生可以分成四至六个小组，每组六至七人，教师把已经准备好的、有错误的诗句分发到每个小组，小组成员共同合作，把诗句中的错误找出来并改正。在规定时间内，看哪组学生用的时间最短、准确率最高。

【过程说明】

游戏期间，各组之间互相不得干涉，每首诗词中有二至三处错误。游戏规定时间为3分钟，各组拿到题目后，先把错误的地方用红笔圈起来，再在旁边改正，完成后再举手示意。裁判确定正确无误后，全组成员齐读古诗词，计时结束。如果还有错误则继续做题，计时继续，确定无误后朗读，计时结束。完成时间最短的组得5分，其次依次为4分、3分、2分、1分。在规定时间内不能完成的组，则看准确率的高低依次得分。

【合作要点】

六至七人合作，训练学生分工合作能力。

【游戏目的】

加深对古诗词的印象，培养学生的语感，避免张冠李戴。

【适用范围】

适用于诗词积累。

抱一抱

【准备材料】

制作卡片，要求把每首诗拆分成几句，写在卡片上。

【游戏做法】

教师把准备好的卡片分发到每名学生的手上，并让学生联系自己拿到的诗句，默记整首古诗，1分钟准备时间。当老师说出诗题时，拿着相关诗句的学生就来到相对应的位置，围在一起抱成一团，抱对的学生加1分，抱错的学生不加分。抱成团后，按照古诗的顺序排列好，并大声朗读。其他同学观察他们是否错误。

【过程说明】

全班学生共同参与，没轮上的学生要保持安静，不得提醒。每一轮十五人参加，共三首诗词，把每一首古诗词拆分成五份。老师先出示三首学过的诗词，让全班同学朗读两遍，默记1分钟，再把古诗词撤离，参加第一轮游戏的学生排成一横排，协助的学生随机分发卡片，参与的学生先不能看，当老师指出每首古诗词对应的位置时，参与的学生才开始查看自己所拿的诗句，再到古诗指定的位置与同组的同学抱成一团，按古诗的顺序排列好。完成后举手示意，当所有成员都完成了，再集体评议。准确无误的每人加1分，并大声朗读。如果有误，则站对区域的学生得1分，站错区域的学生不得分，到准确的区域把古诗排列好，再大声朗读，并在游戏后抄写该古诗一次。

【合作要点】

五至十五人合作，共同完成指定的任务，训练学生的反应能力。

【游戏目的】

强化熟练掌握所学的诗词。

【适用范围】

适用于诗词教学。

每一组到古诗指定的区域，与同组的同学抱成一团，再把拆分的古诗句子按顺序排列好

飞花令

【准备材料】

教师准备开展"飞花令"时用的关键字卡片。

【游戏做法】

仿照《中国诗词大会》这个节目中的飞花令环节进行。老师给出关键字，学生说出含有关键字且不重复的诗句，说不出来的算输。如老师给出的字是"春"，学生回答含有"春"的诗句，如"春种一粒粟，秋收万颗子""春眠不觉晓，处处闻啼鸟"……

【过程说明】

回答的诗句不能重复，轮到的学生30秒内回答不出来则淘汰，再更换关键词。

（1）可以把全班分成四个或八个小组，然后抽签两个小组组成赛事组。两组学生轮流依次回答，当其中一组学生不能回答时则被淘汰。获胜的小组再与其他获胜的小组进行角逐。以此方法继续进行，哪个小组最后胜出就是冠军。

（2）还可以在全班以开火车回答的形式进行。当轮到的学生回答不出来时就淘汰，由下一个学生接上，看谁能接到最后。

【合作要点】

六至八人或全班合作，以点带面激起学生的兴趣，训练学生互相合作、学会分工的能力，共同提高。

【游戏目的】

提高学生对古诗词的熟练度和反应能力，增加诗词的积累。

【适用范围】

适用于中高年级的诗词复习。

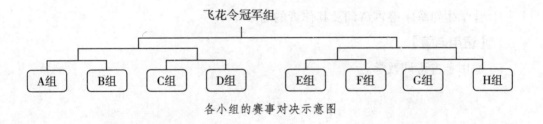

各小组的赛事对决示意图

我与诗人交朋友

【准备材料】

教师准备写有古诗词作者名字的卡片。

【游戏做法】

学生可以分成四至六个小组，每组六至七人，教师出示诗人的名字，各小组以抢答的形式说出该诗人所写的诗词。学生回答时可以回答整首诗，也可以回答某一诗句。看哪个小组回答得多，每答对一首加1分，回答不出来的扣1分，得分最多的小组为优胜组。

【过程说明】

（1）教师在游戏开始前提醒各小组学生要先做好分工合作和答题的技巧配合，如先分工想一想一些著名诗人的作品有哪些等。

（2）当教师出示诗人的名字时，各小组举手抢答，如果举手回答不出来的扣1分，继续由其他组抢答。

（3）回答的内容不能重复，回答正确一次得1分。答题分数最高的小组胜出。教师出示该诗人的经典作品，全班诵读。接着换诗人再继续游戏。

【合作要点】

六至七人合作，各小组同学互相配合，学会科学分工、相互合作解决问题，训练反应能力。

【游戏目的】

让学生熟练掌握古诗词及其作者的名字。

【适用范围】

适用于古诗词教学。

四季如诗

【准备材料】

教师准备代表春、夏、秋、冬的四种颜色卡片各若干张，绿为春、红为夏、黄为秋、白为冬。

【游戏做法】

学生分成四个组合作完成，分别在春、夏、秋、冬的卡纸上写上描写相应季节的诗句。在规定的时间内，数量多且准确率高的小组获胜。

【过程说明】

（1）可以单项进行。第一轮，教师出示绿色卡纸，绿色是春天的颜色，请学生在卡纸上写上描写春天的诗句，10分钟内结束，按完成数量多少获得相应的分数，如完成十首得10分，以此类推。完成后把自己组的诗句朗读一遍，有兴趣的也可以读别的组的诗句。如此方法进行第二、三、四轮游戏，完成描写夏、秋、冬的诗句。最后统计四轮得分，按分数的高低进行相应的奖励。

（2）可以同时进行。给四个小组分发四种颜色的卡纸，让学生知道四色分别代表的季节：绿色为春天，红色为夏天，黄色为秋天，白色为冬天。各小组成员可分工合作完成。请学生在相应的卡纸上写上描写春、夏、秋、冬四季的诗句，30分钟内结束，按完成数量多少获得相应的分数，如完成十首得10分，以此类推。完成后把自己组的诗句朗读一遍，有兴趣的也可以读别的组的诗句。最后按分数的高低进行相应的奖励。

【合作要点】

六至十人合作，互相分工配合，在讨论的基础上分类巩固知识，共同提高。

【游戏目的】

让学生对诗词有针对性的积累。

【适用范围】

适用于古诗词归类复习。

画中藏诗

【准备材料】

教师用PPT编辑一些古诗词中的插图。

【游戏做法】

学生分成A、B、C、D四组进行。教师出示插图时让学生观察，并说出图中所描写的古诗词。

【过程说明】

第一轮为必答题。ABCD四组题，每组题有三幅图，规定时间5分钟。第一组学生选择题目，出示第一幅图，组员回答图中描写的古诗，答对得1分，依次出示第二、三幅图，答对则加分，答错不加分。若第一幅图想不出答案，组员可选择放弃，继续作答第二、三幅图；若第一幅图一直想不出来，又不放弃，则5分钟后结束答题。其他小组依次按此方法进行作答。

第二轮为抢答题。出示插图，四个小组举手抢答，答对一题得3分，答错或答不出来则扣1分。20分钟后结束本轮作答。

统计两轮得分，按分数的高低进行相应的奖励。最后依次出示图片和相应的古诗，一起诵读。

【合作要点】

八至十人合作，主要以学生互相合作来完成相关的指定任务，训练学生的反应能力。

【游戏目的】

考查学生对诗词的熟练程度，培养学生的观察能力。

【适用范围】

适用于古诗词复习。

火眼金睛

【准备材料】

九宫格卡纸若干。

【游戏做法】

在卡纸上画九宫格，格子里填上已拆分的诗句，让学生在1分钟内找出诗句，并正确读出来。

春	种	不
一	觉	粒
晓	米	眠

（春眠不觉晓）

人	空	新
山	不	后
鸟	雨	见

（空山新雨后）

【过程说明】

学生分成四个组进行游戏，以抢答的形式进行。当老师依次出示九宫格卡纸时，学生举手抢答，回答正确的小组得1分，举手不回答或回答错误的扣1分。最后分数最多的获胜。

【合作要点】

八至十人一组，师生合作、生生合作，主要以学生互相合作来完成相关的指定任务，训练学生的反应能力。

【游戏目的】

增强学生对古诗的熟练程度，巩固对古诗的掌握。

【适用范围】

适用于古诗词教学。

百花争艳

【准备材料】

小红花、各种花的图片若干。

【游戏做法】

学生分成四至六个组，教师在黑板上出示各种花的图片，如梅花、荷花、菊花、桃花等，学生回答描写相应花卉的诗句，回答正确则在该花下面贴一朵小红花。

【过程说明】

教师在黑板上出示各种花的图片，每个小组依次抽签选择花名，说出古诗，回答正确的在该花下面贴一朵小红花，给该组加1分，轮到的小组在1分钟内回答不出来，视为放弃，轮到下一组回答。注意，所有回答的诗句不得重复。20分钟后看看哪种花开得最鲜艳，哪组学生得分最高，按分数的高低进行奖励。最后教师分别出示各种描述花的或带有花的诗句，全体诵读。

【合作要点】

六至八人合作，各小组学生共同完成相关任务，提高集体凝聚力。

【游戏目的】

拓展知识，积累古诗。

【适用范围】

适用于古诗词复习。

分门别类

【准备材料】

各种题材的古诗词。

【游戏做法】

学生分六个小组进行游戏，以三种形式完成：必答题、抢答题、表演题。

【过程说明】

（1）必答题。出示六组题型（送别、友谊、爱国、边塞、思乡、田园），各小组学生选择题目，依次作答，在2分钟内说出三句含有所选题材的诗句，视回答的正确率加相应的分数，分别为3分、2分、1分。

（2）抢答题。六个小组举手抢答，答对一题得2分，抢答后答错或答不出来则扣1分。20分钟后结束本轮抢答。

（3）表演题。依据必答题所选取的题材，各小组挑选其中一首古诗进行3分钟的即兴表演。准备时间5分钟。视表演情况加相应的分数。

统计三轮得分，按分数的高低进行奖励。最后依次出示各类题材的古诗，一起诵读。

【合作要点】

四至六人合作，学会根据同学的特长分工合作，互相配合，完成指定任务。

【游戏目的】

拓展知识，积累古诗。

【适用范围】

适用于古诗词复习。

姹紫嫣红

【准备材料】

各色小花、大白纸若干。

【游戏做法】

学生分成四个组，每组每人依次说出含有颜色的诗句，答对了就把相应的颜色小花贴在准备好的大白纸上，可以贴造型。在规定的时间内，看哪个小组的白纸最绚烂多彩即获胜。

【过程说明】

学生分成四至六个小组，各小组依次进行，当第一组第一位学生说"日出江花红胜火"，就在该组的白纸上贴一朵小红花。接着是第二组第一位学生，以此类推。如果学生说的诗句中有几种颜色，可以相应贴几种，比如"一年好景君须记，最是橙黄橘绿时"，就可以贴四种颜色的花。时间限定在20分钟。然后展示成果，看哪组的作品更好看，并获得相应奖励。最后教师出示含颜色相关的诗句，大家诵读并积累。

【合作要点】

六至八人合作，训练学生同组讨论，在最短时间内完成相关任务。

【游戏目的】

熟练掌握所学的诗词。

【适用范围】

适用于诗词复习。

勇攀高峰

【准备材料】

在黑板上画一座大山，上山途中有十个关卡。教师准备学生闯关的十道题目。

【游戏做法】

学生分成四个组，每组学生按顺序排列，由对应的学生答题（各组不能大声说出来，要写在小纸片上贴到关卡处）。如排第一位的过第一关，第二位学生负责闯第二关。当闯关有困难时，其他同学可以及时"救援"。每个小组都是从山脚开始，一路往上闯每个关卡，答对了一关继续前行。在规定时间内，看看哪组学生最快到达山顶，竖立专属彩旗。

【过程说明】

学生分成四个小组，四组同时进行，时间限定在20分钟。每一道关卡的内容各不相同，如说一句珍惜时间的名言、把藏在九宫格里的诗句找出来、接下一句古诗、说一首送别诗、看图说诗等，答对了继续攀登，答错了继续思考。如果都登顶，就以过关的时长分胜负；如果没登顶，就以过关数目多少论高低，再相应地奖励优胜者。

【合作要点】

八至十人合作，训练学生的反应能力，学生根据喜好和特长分工合作。

【游戏目的】

熟练掌握所学的诗词。

【适用范围】

适用于诗词复习。

（十个题目为：1. 时间名言；2. 找诗句；3. 补充诗句；4. 对歇后语；5. 看图说诗；6. 对对联；7. 猜谜语；8. 说动物成语；9. 由反义词组成成语；10. 写一首有关离别的诗）

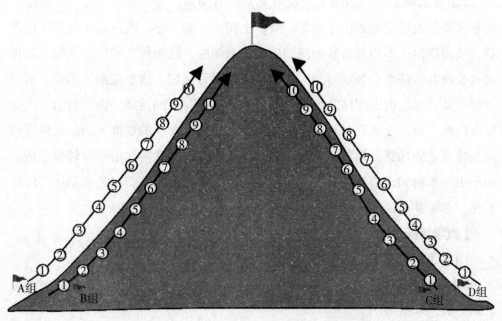

在黑板上画一座大山，分四组按答题过关先后进行
"爬山"，谁先到达顶峰就谁赢

《山居秋暝》合作学习游戏教学设计

【教材分析】

《山居秋暝》是部编版五年级语文上册第20课，是一首五言律诗，描绘了初秋薄暮、雨后初晴的山中情景。首联上句的"新"字，既点出了新近下雨之意，又表现出了下雨后清新如洗的感觉；下句的"晚来秋"呼应了诗题，表现出秋夜独有的特色。颔联写景，描绘了一幅明月高照、清泉流淌的图画，两句一静一动，描绘出山间傍晚的美好景色。颈联描写人的活动，由"竹喧"而知浣女归来，由"莲动"可见渔舟顺流而下，用洗衣女子的欢歌笑语以及渔舟归来荷叶晃动的场景，衬托出月夜山村的清幽宁静。尾联两句由写景转为抒情：由于山间景物如此清新美好，令人流连忘返，所以诗人流露出长久隐居此地的心愿，即使春去花落，也不会改变。

【教学目标】

（1）了解作者王维的生平及其作品风格。

（2）通过解读诗句，品味王维诗歌"诗中有画"的美感，掌握学习《山居秋暝》的艺术技巧。

（3）指导学生体味诗人寄寓其中的情感。

【教学重难点】

（1）指导学生通过朗读带动对全诗内容的理解。

（2）通过解读诗句，学习该诗的艺术技巧。

（3）体味诗人厌恶官场、归隐山林的愿望及追求。

【教学课时】

1课时。

【课前准备】

多媒体课件、游戏卡片、古诗积累。

【教学过程】

（一）游戏导入：我与诗人交朋友

（1）师：同学们，你们有喜欢的诗人吗？这些诗人想找好朋友，条件是能说出他们所写的诗句就能和他们做朋友了，你们想跟他们做朋友吗？谁想做李白的朋友？杜甫呢？孟浩然呢？（学生一一抢答）

（2）师：中国堪称诗歌的国度，而唐朝是一个诗的时代，它孕育出了一个灿若辰星的庞大的诗人群体。其中，除了有同学们熟悉的"诗仙"李白、"诗圣"杜甫，还有世称"诗佛"的王维。

（3）师：今天让我们一起走近王维，学习他的诗歌，欣赏王维的名作《山居秋暝》，看看他在诗中为我们创造了一个怎样的境界。

（二）具体研习《山居秋暝》

1. 解题

师：我们看题目《山居秋暝》，"山"即山中，"居"是停留、住宿，"秋"即秋天，"暝"是傍晚。题目可以理解为：秋天的傍晚，留宿于山中。从题目中我们可以看出，这首诗主要是写景还是叙事或状物？

（明确：写景，即整首诗所写的景物为秋天傍晚山中所见的景物）

师：既然是写景，那它的艺术技巧最有可能是什么？

（明确：借景抒情、融情于景、情景交融）

2. 朗读整体感知

（1）学生齐读。（教师在学生朗读的过程中纠正字音，读准节奏）

（2）教师范读。（注意节奏）

山居秋暝（王维）

空山/新雨/后，天气/晚来/秋。（首联）

明月/松间/照，清泉/石上/流。（颔联）

竹喧/归/浣女，莲动/下/渔舟。（颈联）

随意/春芳/歇，王孙/自/可留。（尾联）

（3）学生再齐读。

3. 逐联理解诗句

（1）师：首联给我们描绘了一幅怎样的情景？（初秋薄暮、雨后初晴的山中情景）

"晚来秋"不是"晚秋"，而是"秋天的傍晚"。

师：秋天傍晚，高山寂静，雨后初霁，空气清新，天气凉爽。

师：诗歌首联给我们交代了哪些内容？

（明确：首联紧扣诗题，点出了地点、天气、时间、季节，营造了一种空旷清幽的境界）

（板书：首联　秋天傍晚　高山寂静　雨后初霁　空气清新　空旷清幽）

（2）师：颔联又描绘了一幅什么情景？刚才老师已经给大家示范了一次，这次就请同学们自己来说说。（一幅明月高照、清泉流淌的情景）

（学生回答）

生：皎洁的月光透过松树的虬枝翠叶，星星点点地洒了进来；清清的泉水从石上淙淙流过。

师：概括颔联写了什么？

生：山中的具体景色。

师：颔联描写皓月当空、青松如盖，是静景描写；山泉清冽，流泻于山石之上，是动景描写。这样的手法叫作什么？

生：动静结合。

（板书：颔联　山中的具体景色　明洁　动静结合）

（3）师：结合注释，想想颈联"竹喧归浣女，莲动下渔舟"又描绘了一幅怎样的情景？

生：竹林里传来欢声笑语，原来是洗衣的少女洗罢归来；荷叶摆动，原来是打鱼船顺流而下。

师：概括颈联写了什么？

生：山中的人事活动之景。

师：从作者的描述中，可见人们在这里生活得怎样？

生：悠闲、自由。

师：颔联"明月松间照，清泉石上流"和颈联"竹喧归浣女，莲动下渔舟"都是写景，有什么不同？

（明确：颔联侧重于写物，颈联侧重于写人。颔联表现出山村的自然美，颈联表现出山村的生活美、人情美）

［板书：颔联　山中的具体景色　明洁（自然美）　动静结合。颈联　山中的人、事活动　悠闲、自由（生活美）］

4. 分析诗人的思想感情

（1）师：前三联写了哪些景象？

生：山、月、松、泉、石、竹、浣女、莲、渔舟。

（2）师：这些景象组成的图画有什么特点？

生：空旷、清幽、宁静、明洁、清新、悠闲、自由。

（3）师：我们说"一切景语皆情语"，那作者是在什么样的心态下看到这么清幽、宁静的景象呢？（恬淡、闲适）

（4）师：看到这样清幽、宁静而清新的景象，作者的心情应该是怎样的呢？

生：愉悦、喜爱。

（5）师：正因为喜爱，所以作者说"随意春芳歇，王孙自可留"。任凭春天的芬芳逝去，我依然要留下来享受这美妙的秋色，不愿离开。所以尾联写了什么？

生：诗人对山中生活的留恋。

（6）师：作者为什么喜爱"山居秋暝"的生活甚至愿意留下来，对这里的生活感到留恋？

生："山居"的自然美、人情美。

（7）师：那么现实生活中有没有？

生：没有，现实中作者身处纷纷扰扰的官场。

（8）师：这里表达了作者怎样的愿望？

生：表达了作者欲远离尘世，归隐山林，不再回到纷纷扰扰的官场中去的强烈愿望，即尾联表达了作者对官场生活的厌恶，追求隐逸的生活。

（板书：尾联　对山中生活的留恋　隐逸情怀　卒章显志）

（9）师：作者为什么会有这样的愿望呢？这可能跟作者的经历有关，下面老师介绍一下王维的基本情况。

101

王维，字摩诘，山西太原人，唐开元九年（721）进士，他做过的官职较多，最高做到尚书右丞，世称"王右丞"，著有《王右丞集》。

王维深受儒、佛影响。他早年出仕，积极从政，曾一度有过匡时济世的理想。特别是在张九龄拜相以后，王维曾极力称颂张九龄的一些政治主张，得到张九龄的赏识与信任。因而早年的诗歌以游侠和边塞诗为主，诗风豪迈，气势雄浑，表现了积极的政治抱负和爱国热情。但随着张九龄的罢相，王维的仕途也渐趋坎坷，朝廷奸佞专权，政治黑暗。面对黑暗的现实，王维既不愿与奸佞同流合污，又不敢同他们决裂。因此后期他采取了半官半隐、全身远祸的生活方式，走上了寄情山水的道路。诗歌主要是反映淡泊闲适的山水田园诗。

这首诗就是他隐居生活的一个篇章。

（三）小结

1. 归纳本诗主旨

师：大家还记得我们归纳主旨的公式吗？一起来回忆吧。然后大家思考这首诗的主旨，把它写在纸上，待会儿请两名同学来回答。

［明确：这首诗通过描写山中秋日傍晚静谧、清幽而清新的自然风景，表达了诗人对污浊、黑暗官场的厌恶，对安静淳朴的隐逸生活的向往（渴望/追求）的思想感情］

2. 归纳本诗艺术技巧

借景抒情、动静结合、卒章显志。

（四）游戏练习，加深印象

1. 合作游戏：我是啄木鸟

教师把已经准备好的、有错误的诗句分发到每个小组，小组成员共同合作，把诗句中的错误找出来并改正。在规定时间内，看哪组学生用的时间最短、准确率最高。

2. 游戏：对答如流

（1）学生两人一组，一人说上半句，另一人接下半句。反复交错练习，达到熟读成诵，两个人一起背诵。

（2）学生两两合作在练习本上一人出题，一人填写，熟练到能默写。

如：空山新雨后，_____。_____，清泉石上流。竹喧归浣女，_____。_____，王孙自可留。

_____新雨后，天气_____。明月_____，_____石上_____。

竹喧_____浣女，_____下渔舟。_____春芳歇，_____。

（五）作业布置

根据全诗或部分诗句的意境绘一幅图。

【板书设计】

山居秋暝

（唐）王维

首联　秋天傍晚　高山寂静　雨后初霁　空气清新　空旷清幽

颔联　山中的具体景色　明洁（自然美）　动静结合

颈联　山中的人、事活动　悠闲、自由（生活美）

尾联　对山中生活的留恋　隐逸情怀　卒章显志　借景抒情

【教学评语】

《山居秋暝》是唐代诗人王维山水诗中的名篇，是王维晚年闲居蓝田辋川写的，描绘了秋日傍晚雨后山林的秀丽景色，表现了诗人乐于隐的生活意趣，清新而极富生气的氛围中，表现出诗人洁身自好的品格，堪称王维诗的代表作。

在教学中，通过引导学生不同形式的朗读，让学生在朗读中把握诗歌内容，体会诗人的情感；抓住重点词语的意思，引导学生在理解重点词语意思的基础上，把握整句诗的意思，并体会诗中所蕴含的思想感情；品味诗歌的意境，掌握诗歌鉴赏的方法；体会王维诗歌"诗中有画"的特点；形成热爱自然的生活情趣，培养高洁淡雅的生活情操。

"语文园地二"快乐合作学习游戏教学设计

【教材分析】

部编版教材五年级上册"语文园地二"通过第二单元的学习，学生懂得提高阅读速度的方法，要在实际阅读中做到眼睛看得快、脑子想得快，需要持之以恒地训练。以句子训练为中心，引导学生概括句子的意思，反之，将成语用具体的情景描写表现出来，强化学生的句子训练，并能在以后的写作中加以运用，逐步提高语言表达能力。理解、背诵珍惜时间的名言警句，在实际的学习生活中做到珍惜时间。

【教学目标】

（1）懂得提高阅读速度的方法，并在实际阅读中做到眼睛看得快、脑子想得快。

（2）能根据语句写出主要意思，把成语的意思用具体情景表现出来。

（3）积累珍惜时间的名言警句，养成珍惜时间的好习惯。

【教学重难点】

（1）掌握提高阅读速度的方法，并在实际阅读中运用。

（2）能把成语的意思用具体情景表现出来。

（3）理解并背诵珍惜时间的名言警句，养成珍惜时间的好习惯。

【教学课时】

2课时。

【课前准备】

（1）收集有关描写情景的成语。

（2）查找珍惜时间的名言警句。

（3）游戏卡片、资料。

◆ 第一课时 ◆

【教学过程】

（一）导入新课

（1）师：同学们，我们已经学习了本单元的四篇课文。今天，我们将学习"语文园地二"的内容。

（板书：语文园地二）

（2）师：请同学们先回忆一下，本单元的四篇课文，每篇课文题目下面都有什么阅读提示？（用较快的速度默读课文，了解课文的主要内容，记下所用的时间）

（二）交流平台

（1）师：现在我们来交流一下阅读第二单元的课文分别用了多长时间？（学生自由交流，并推选出时间用得少、阅读速度快的同学）

（2）教师表扬阅读速度快的学生。学生交流自己提高阅读速度的心得。

（3）师：刚才同学们提到的提高阅读速度的方法，课本里有四名同学也有自己的发现，请女生、男生分别读出相应的心得。

（4）师：同学们在阅读时要集中注意力，尽量连词成句地读，遇到不懂的词语，在不影响理解课文内容的情况下可以先不管它，继续一口气往下读，同时要一边读一边想，圈画出关键词句，才能更好地了解文章的主要内容。只要同学们持之以恒地用这种方法进行训练，大家的阅读速度一定能够提高。

（三）词句段运用

（1）师：本单元四篇课文都是用具体事例写出人物的特点，课文中有很多句子值得我们细细品味，现在我们先来看看这个句子。

课件出示："我廉颇立下了那么多战功，他蔺相如就靠一张嘴，反而爬到我头上去了。"

学生齐读后思考：这个句子的主要意思是什么？（廉颇对蔺相如不服气）

（2）师：课本"词句段运用"还有两个句子，同桌之间先读一读，再互相交流一下句子的主要意思。

（3）检查反馈，全班交流。

①"只要我们按下手电筒的开关，立刻会出现一束光柱。光的速度是惊人的，大约是30万千米每秒，比流星体的速度要快几千倍！"（光的速度快到令人惊叹）

②"一刹那间，男人、女人、小孩，所有的人都奔到甲板上，人们弯曲着身子，奔跑着，尖叫着，哭泣着。"（场面混乱，所有人都很恐慌）

（4）师：这一单元的课文中也有不少这样的语句，请大家找出来，分两组进行游戏。

学生分成两组，先由A组每人说一个用具体事例写出人物特点的句子，B组同学用依次回答或者抢答的形式把该句子的主要意思回答出来。做完后，两组角色互换，进行的速度越快越好，回答越准确越好。

（四）小结

师：通过这节课，我们回顾了本单元的课文，懂得提高阅读速度的方法，并在实际阅读中做到眼睛看得快、脑子想得快；还学习了如何概括句子的主要意思。同学们在以后的阅读中要注意运用这两种技巧，就能帮助我们读得快、读得好。

【板书设计】

语文园地二

提高阅读速度的方法：

1. 集中注意力，尽量连成句地读。

2. 遇到不懂的词，圈画出关键词句。

3. 一边读一边想，圈画出关键词句。

4. 不断练习，熟能生巧。

词句段的运用：概括句子的主要意思。

◆◆ 第二课时 ◆◆

【教学过程】

（一）回顾旧课，导入新课

师：同学们，上节课我们学习了如何提高阅读速度的方法和概括句子的主要意思。这节课，我们来学习新的内容——把成语的意思用具体情景表现出来。请同学们翻到教材第30页，看"词句段运用"的第二题。

（板书：把成语的意思用具体情景表现出来）

（二）词句段运用

（1）教师出示"左右为难""奋不顾身"这两个成语，学生先说一说这两个成语的意思，再读一读文中相应的句子。

师：你发现了什么？

生：句子描写的情景都能够表现成语的意思，并且句子都是从第二单元的课文中找出来的。

（2）成语：喋喋不休、悠然自得。

师：请同学说说这两个成语的意思。

生："喋喋不休"指说话唠唠叨叨，没完没了。

生："悠然自得"是形容悠闲而舒适。

（3）学生齐读这两个成语的意思，然后在课本中找出能表现这两个成语具体情景的句子，全班交流。

① 喋喋不休。

过了几年，秦王约赵王在渑池会见。赵王和大臣们商议说："去吧，怕有危险；不去吧，又显得太胆怯。"

② 悠然自得。

前面的抬起脚来，后面的紧跟上去。嗒嗒的声音，像轻快的音乐；清波漾漾，人影绰绰，给人画一般的感觉。

（4）游戏练习：你来我往。

学生分成两组，先由A组每人说一个成语，B组同学用依次回答或者抢答的形式把描写该成语的具体情景说出来。做完后，两组角色互换，进行的速度越快越好，回答越具体越好。

（三）日积月累

1. 学生齐读"日积月累"的句子

注意读准"重""转"的读音。

2. 学生交流句子的意思，明白是珍惜时间的名言警句

第一句："不饱食以终日，不弃功于寸阴。"出自东晋葛洪的《抱朴子》，意思是：不要整日就只是吃饱喝足（却不去多思考、多探索），不要因为懒惰少花一点时间，造成功亏一篑。

第二句："盛年不重来，一日难再晨。及时当勉励，岁月不待人。"出自东晋陶渊明《杂诗》，意思是：盛年就是生命力旺盛的人生时段，不会再有；一日之中难有第二个早晨；应当及时自勉自励生活和工作，因为时间和岁月是不随人而改变的。大体意思就是说时间很宝贵，人的一生中没有多少像早晨那样珍贵的时间，时间不等人，也不随人而改变，所以要自励自勉、珍惜时间。

第三句："莫等闲，白了少年头，空悲切。"出自宋朝岳飞的《满江红》，意思是年轻人要珍惜生命和时间，要善于利用每一分钟不断完善自己、锻炼自己，不要等到年老体弱时才懊悔自己年轻时的少不更事、虚度光阴，到那时再感到悲观失望已经悔之晚矣。

第四句："多少事，从来急，天地转，光阴迫，一万年太久，只争朝夕。"出自毛泽东的《满江红·和郭沫若同志》，意思是天下的事情从来都是那样急切，日月轮回，光阴紧迫。要等一万年后才等来胜利，实在是太久，我们要抓紧时间，力求主动，只争朝夕。

学生在交流句子意思时，只要大致说对就好。教师相机简介四位名人。

3. 游戏巩固练习

（1）对答如流。

① 学生两两一组，一人说上半句，另一人接下半句。反复互换练习，达到熟读成诵，两个人一起背诵。

② 学生两个人一组，在练习本上一人出题，一人填写，熟练能默。

不饱食以终日，＿＿＿＿＿＿＿＿＿＿＿＿＿＿＿＿＿＿＿＿＿。

盛年不重来，＿＿＿＿＿＿＿＿＿。＿＿＿＿＿＿＿＿＿，岁月不待人。

莫等闲，＿＿＿＿＿＿＿＿＿＿＿＿＿＿＿＿＿＿＿＿＿＿＿，空悲切。

多少事，＿＿＿＿＿＿＿，天地转，＿＿＿＿＿＿，一万年太久，＿＿＿＿＿。

（2）诗词达人。

学生分成六组，每组每人在30秒内依次答出描写珍惜时间的诗句，回答不出来的淘汰。看谁留到最后，成为"诗词达人"。

4. 结合生活实际，学生谈谈自己在学习或生活上如何珍惜时间的事例

略。

（四）小结

师：这节课，我们学习用具体情景的描写来表现成语的意思，同时积累了珍惜时间的名言警句。同学们要学会珍惜时间，好好学习，为自己的理想而努力奋斗。

（五）布置作业

（1）自选三个成语，并用具体情景的描写表现成语的意思。

（2）背诵珍惜时间的名言警句，积累珍惜时间的名言警句。

【板书设计】

语文园地二

左右为难　奋不顾身　喋喋不休　悠然自得

珍惜时间的名言警句：珍惜时间　好好学习

【教学评语】

（1）通过本单元的学习，学生懂得提高阅读速度的方法，并在实际阅读中做到眼睛看得快、脑子想得快。

（2）以句子训练为中心，引导学生概括句子的意思，反之，将成语用具体的情景描写表现出来，强化学生的句子训练，并能在以后的写作中加以运用，逐步提高语言表达能力。

（3）理解、背诵珍惜时间的名言警句，在实际的学习生活中做到珍惜时间。

"量词复习"合作学习游戏教学设计

【教材分析】

部编版一年级上册的语文课本里出现过很多量词，有"片、只、头、群、颗、个、堆、车、担、条、朵、本、把、串、幅"。学生在学习课文后都有涉及量词的搭配练习，但都是碎片式的练习。

【教学目标】

（1）知道本学期学习了"片、只、头、群、颗、个、堆、条、朵、本"等量词。

（2）知道量词后搭配什么。

（3）通过游戏，熟悉量词的搭配，了解词语搭配的多样性。

【教学重难点】

（1）知道量词需要搭配什么。

（2）通过游戏，熟悉量词的搭配。

【教学课时】

1课时。

【课前准备】

（1）教师准备上课的PPT，内容包括本学期学过的所有量词、与量词有关的课文中的句子、量词搭配的简单练习。

（2）学生读一遍语文书上有量词的课文，并在课外积累一些量词的相关搭配。

（3）"词语花园"要用到的花朵白纸若干及彩色笔。

（4）"词语扑克"要用到的量词卡片。

【教学过程】

（一）复习导入

（1）我们昨天学习了第12课《雪地里的小画家》，你们还记得雪地里来了哪些小画家吗？

生：雪地里来了小鸡、小鸭、小狗和小马四位小画家。

（学生回答时，教师出示小鸡、小鸭、小狗、小马的图片）

（2）师：那你们知道要用什么量词来形容它们吗？

PPT出示：一（ 　　）小鸡 　一（ 　　）小狗

　　　　　一（ 　　）小马 　一（ 　　）小鸭

生：一（只）小鸡、一（只）小狗、一（只）小鸭。

学生前三个基本上能够回答出来，但是"一（ 　　）小马"，学生基本上不能回答出来。最后教师出示"一（匹）小马"，告诉学生马的量词是"匹"，并且"匹"字带拼音。学生认识了一个新的量词。

（3）师：同学们，今天我们就来复习一下学过的量词。

设计意图：量词的学习在一年级上册中是一个比较重要的知识点。教师利用课文进行导入，可以让学生很容易过渡到量词复习的学习中。

（二）量词复习

1. 提问：我们在之前的学习过程中，已经学习了比较多的量词

师：同学们，还记得我们学过的量词有哪些吗？

（学生举手回答，回顾学过的量词：片、只、头、群、颗、个、朵、本、把、串、幅等）

2. 教师把本学期学过的所有量词进行汇总

出示幻灯片：片、只、头、群、颗、个、堆、车、担、条、朵、本、把、串、幅。让学生拼读量词三次，加深记忆。

3. 学生玩"词语扑克"游戏

（1）教师解释游戏规则：学生以前后左右四人为一小组，每名学生都把准备好的量词卡片拿在手上。每人轮流出示一张词语卡片按顺时针的顺序来考同组的一名同学。例如第一名同学拿"两颗"这个词语卡来考下一名同学，如果该名同学读不出来，就需要把"两颗"这张卡片拿走，如该名同学能读出词语，则第一位同学要把词语卡放在桌子的中间。最后谁的词语卡片最快出完谁就胜出。

（2）学生一边玩游戏，一边加深对量词的记忆。

4. 教师在PPT上出示例子（图片+文字的形式），学生用所复习的量词填空

一（　　　）树叶、一（　　　）猫、一（　　　）黄牛、一（　　　）鸭子、一（　　　）枣、一（　　　）苹果、一（　　　）杏子、一（　　　）白菜、一（　　　）鱼、一（　　　）白云、一（　　　）书、一（　　　）扇子、一（　　　）画、一（　　　）水珠。

（学生轮流回答，完成后全班齐读量词搭配的例子）

设计意图：首先进行量词的集中复习，让学生对于已学的量词有个整体的认识，接着通过"词语扑克"游戏加深学生对量词的记忆，最后做PPT例子的填空题并朗读，让学生更好地记忆。

（三）"词语花园"游戏

1. 教师引导学生思考：每个量词的搭配都固定吗

例如"只"这个量词只能是"一只猫"吗？

生：不是。"一只鸭""一只鸟"都可以。

2. 教师指出每个量词的搭配都有很多，不是固定的

师：今天我们就来感受一下量词的不同搭配，玩一个叫"词语花园"的游戏。

3. 教师解释游戏规则并发四张花朵白纸

游戏规则：教师会将一个量词写在花朵的中心部位，学生分为六人一组，用彩色笔在花瓣上写出与老师给出的量词进行搭配的词组，最后看哪个小组花朵的花瓣最多、最好看。（补充，不会写的字用拼音代替。花瓣不够可以再画一些）

4. 学生按小组进行"词语花园"游戏

在游戏过程中，小组成员积极参与，用彩色笔在花瓣上写上该量词的搭配。教师随堂巡视，随机指导。

5. 游戏时间结束，教师组织学生进行成果分享

每个小组轮流上台展示自己的花朵。

当一个小组展示成果时，其他小组的成员认真听，发现有错误的就举手指出，比如"一个羊"是错误的，应该是"一只羊"。被指出的错误答案就要从花瓣上删去。小组的词语花朵要在展示完毕后贴在黑板上。

当所有小组都展示完毕后，学生一起来数一数哪个小组的"词语花园"最多彩，给予小星星奖励。

6. 教师重新准备四张花朵白纸，师生合作，学生读、教师写，用彩色笔把学生的答案重新整理好写到花瓣上

完成后，学生齐读这些量词搭配。最后把这四张花朵白纸张贴在班级里，随时复习。

设计意图：通过"词语花园"游戏，学生在小组合作中集思广益，感受量词的众多搭配。学生在小游戏中能更加有兴趣参与，过后也会记忆更深刻。

（四）课堂总结

师：本节课我们复习了这个学期学到的量词，有"颗、个、堆、条、朵、本、片、只、头、群"等。我们玩了"词语花园"游戏，知道了量词的搭配是非常多的。但今天我们只用了四个量词来玩"词语花园"游戏，其他的量词也是有很多搭配的。课后同学们可以一起用不同的量词来玩一玩这个小游戏。

设计意图：总结这节课的内容，说明量词搭配的多样性，鼓励学生在课后也能像在课堂上一样用游戏的方式在玩耍中学习。

【板书设计】

量　词

搭配　多种

1.一个

2.一串

3.一只

4.一群

【教学评语】

这节课通过不同形式复习了学生学习的所有量词。一开始，教师让学生自己回答所学量词，是为了调动学生的记忆。然后教师总结了所有的量词，这是为了让学生对量词有一个总体的把握。接着的小练习是为了引出量词会和其他词语进行搭配使用。最后教师利用"词语花园"游戏，调动学生积极参与课堂，在增加课堂趣味性的同时，增加他们的量词搭配积累。

《荷叶圆圆》合作学习游戏教学设计

【教材分析】

《荷叶圆圆》是部编版一年级语文下册第13课。这是一篇散文诗，语言优美，想象丰富。课文中用比喻的手法把荷叶想象成了青蛙的歌台、蜻蜓的停机坪、鱼儿的凉伞，让学生感受夏天的趣味以及大自然的神奇和美好。

【教学目标】

（1）认识"珠、摇、躺、晶、停、机、展、透、翅、膀、唱、朵"十二个生字和"身"字旁一个偏旁，会写"亮、台、鱼、美、机、放、朵"七个生字。

（2）图文结合，理解"停机坪、摇篮、透明"等词语的意思；通过做动作，知道"躺、展开、蹲"等词语的意思。

（3）流利朗读课文，背诵课文，感受夏天的趣味和动物们的快乐心情。

（4）仿写"圆圆的、亮晶晶"等特殊词语。

【教学重难点】

（1）认识"珠、摇、躺"等十二个生字和"身"字旁一个偏旁，会写"亮、台、鱼、美、机、放、朵"七个生字。

（2）仿写"圆圆的、亮晶晶"等特殊词语。

（3）朗读课文，感受夏天的趣味和动物们的快乐心情。

【教学课时】

1课时。

【课前准备】

（1）关于荷叶的谜语和图片。

（2）制作PPT。

【教学过程】

（一）导入新课

（1）师：同学们，你们喜欢猜谜语吗？今天老师给大家带来了一个谜语，大家来猜一猜。谜语是：圆圆大绿盘，浮在水面上，水珠把它当摇篮，小鱼拿它当凉伞。大家能猜到吗？

生：荷叶。

（2）师：你们真聪明。你们见过荷叶吗？有哪位同学可以给我们讲讲他见过的荷叶。

（学生分享自己看过的荷叶）

（3）师：我们一起来看看荷叶吧。（荷叶的图片欣赏）

（4）师：今天我们一起来学一篇关于荷叶的课文——《荷叶圆圆》。

教师板书课题，学生齐读课题。

设计意图：利用谜语引起学生学习的兴趣，通过学生的分享和荷叶的图片欣赏，让学生明确课文的主题，使学生更快地进入学习状态。

（二）课文学习

1. 读熟课文

（1）师：请大家打开教材，认真听老师读课文，标上自然段序号，并注意听自己不会读的字的读音。

（2）校对自然段的序号，然后用多种形式读课文，把课文读熟。

（首先全班齐读课文，把不会的字再次读熟；接着小组内朗读课文，巩固字音；然后同桌互读课文，检查字音；最后请个别同学朗读，检测课文的熟悉程度）

（3）读的过程中体会课文中的愉悦情感。

2. 提出问题，理解课文（强调合书回答）

（1）问题一：荷叶是什么样子的？

生：荷叶是圆圆的、绿绿的。

（2）学生们玩游戏"我是印刷匠"，仿照"荷叶是圆圆的、绿绿的"写出：

苹果是_____、_____。

香蕉是_____、_____。

橙子是_____、_____。

小河是_____、_____。

教师说："我是印刷匠。"学生说："印刷本领强。"然后开始游戏。学生在游戏中填上去的词语必须是AAB形式。

（3）问题二：请同学们想一想，圆圆的、绿绿的荷叶吸引了哪些小伙伴？

生：小青蛙、小蜻蜓、小水珠、小鱼儿。

（回答问题时，教师要强调用完整句子回答，如圆圆的、绿绿的荷叶吸引了小青蛙、小水珠、小蜻蜓、小鱼儿这些小伙伴）

（4）问题三：课文中小水珠、小蜻蜓、小青蛙、小鱼儿分别把荷叶当作了什么？

生：小水珠把荷叶当作摇篮。

生：小蜻蜓把荷叶当作停机坪。

生：小青蛙把荷叶当作歌台。

生：小鱼儿把荷叶当作凉伞。

（5）学生回答后，教师在PPT上图文呈现小水珠+摇篮、小蜻蜓+停机坪、小青蛙+歌台、小鱼儿+凉伞，帮助学生理解摇篮、停机坪、歌台等词语的意思。

（6）问题四：小水珠、小蜻蜓、小青蛙、小鱼儿分别在荷叶上做了什么？

生：小水珠躺在荷叶上，眨着亮晶晶的眼睛。

生：小蜻蜓立在荷叶上，展开透明的翅膀。

生：小青蛙蹲在荷叶上，呱呱地放声歌唱。

生：小鱼儿在荷叶下笑嘻嘻地游来游去，捧起一朵朵很美很美的水花。

（7）师生一起玩"你比我猜"游戏，让学生理解"躺、蹲"等动词。

游戏规则：教师做一个动作，学生猜一猜老师做的动作是哪个动词。

（8）出示词语"亮晶晶、笑嘻嘻"，让学生观察。学生观察出这些是ABB形式的词语后，再玩"我是印刷匠"游戏。

教师说："我是印刷匠。"学生说："印刷本领强。"然后开始游戏。学生在进行游戏时，说出了很多ABB形式的词语，如黑乎乎、白花花、红彤彤、脏兮兮、一只只、一个个、一群群等。

设计意图：一年级的学生还是要注重课文的朗读，因此教师设计了各种形式的读课文练习。这样，学生对课文会非常熟悉。接着，教师通过合书提问的方式帮助学生理解课文内容，学生不能翻书就必须努力回想，这有助于学生深刻记忆课文。理解课文时，穿插游戏以增加学生的词汇量。

（三）生字认读

（1）PPT出示生字。生字以词语的形式出现，文字+拼音：水珠、摇篮、躺在、亮晶晶、停在、飞机、展开、透名、翅膀、唱歌、一朵。

（2）学生以不同的形式读熟生字：齐读、小组轮流读、个别读。

（3）认识新的偏旁和带有新偏旁的字："身"字旁——"躺"；解释："身"字旁与身体有关。

（4）全班学生一起玩游戏：摘荷叶。

课件上有被荷叶盖着的词语，教师把盖在词语上的荷叶摘掉，学生就读出出该词语。

（5）学生以前后左右四人为一个小组，组内玩"词语扑克"游戏。

① 教师解释"词语扑克"游戏规则：每名学生都把准备好的词语卡片拿在手上。每人轮流出一张词语卡片按顺时针的顺序来考同组的一名同学。例如，第一名学生拿"躺在"这个词语卡来考下一名同学。如果该名同学读不出来，就需要把"躺在"这张卡片拿走；倘若该名同学能读出词语，则第一名学生要把词语卡片放在桌子的中间。最后谁的词语卡片最快出完谁就胜出，胜出的学生会得到一张奖励卡。

② 学生开始玩"词语扑克"游戏。教师在学生玩游戏的过程中四处巡视，了解学生哪些词语的识记不过关。

设计意图：在熟读课文、理解课文的基础上学习生字词，用游戏的方式学习，学生更容易记忆和理解生字词。

（四）总结

师：这节课我们一起学习了《荷叶圆圆》这篇课文，知道了小水珠、小蜻蜓、小青蛙和小鱼儿被圆圆的、绿绿的荷叶吸引了，它们分别把荷叶当成了不同的东西。它们和荷叶玩得多开心哪！我们学习了很多生字词，还玩了"我是印刷匠""你比我猜"和"词语扑克"等游戏，我们也玩得很开心呢！

【板书设计】

荷叶圆圆

小水珠　摇篮

小蜻蜓　停机坪

小青蛙　歌台

小鱼儿　凉伞

【教学评语】

这篇课文非常有趣，读起来朗朗上口。所以在以不同形式朗读的时候，学生比较有兴趣去读。课文读熟后再去理解内容就比较容易了，在理解过程中穿插游戏，让学生在放松精神的同时又增加了他们的词汇量，课堂气氛非常活跃。

第四章

阅读教学

找朋友

【准备材料】

教师根据阅读教学内容进行分类（或分项），一类（或一项）就是一位"朋友"，把设定好的相应的"朋友"信息填写好。

【游戏做法】

游戏开始时，让每个学生根据自己的喜好提出一个问题写在纸上，然后选择自己的"朋友"组成一个讨论小组。每个小组的人数并没有硬性规定，而是完全按照学生的选择来最终决定，这样就把全班分成了若干组，选择同一个"朋友"的学生就集中在一起互相讨论各自想解决的问题。对完全解决本组问题的小组进行表扬奖励。

【过程说明】

（1）玩这个"找朋友"的游戏是为了让每个学生都选择自己感兴趣或者擅长的学习内容来进行讨论。所以，在讨论的时候教师要做好监督，保证每个学生都能全身心地投入游戏中来。这样，学生在小组中玩游戏时就更有归属感，讨论交流起来就更有积极性，而在同组的交流讨论中也更能启发学生的思维，继而促进学生思考得更加深入。

（2）本组学生对难以解决的问题可以请教老师来帮忙完成。

【合作要点】

不限制人数，提倡学生有个性地发展，自主合作学习。

【游戏目的】

让学生在课堂上能够选择自己感兴趣或者擅长的内容来学习，这样，学生的思维就能在课堂上得到更大程度的启发，就更愿意在课堂上自主学习，兴趣也会慢慢地培养起来。

【适用范围】

适用于一个阅读教学知识点有多个答案切入点的课堂教学内容。

帮助超级玛丽闯关

【准备材料】

在电脑上设计好以阅读思考练习题为游戏闯关的关数。

【游戏做法】

在教学时，分小组合作充分讨论思考练习题后，在大屏幕上呈现"帮助超级玛丽闯关"的闯关图，当学生回答出问题的一个答案，就让超级玛丽闯一关，直至全班学生把这道问题的全部答案回答出来为止。这时候，所有的关都被闯完了，就属于闯关成功。

【过程说明】

由于对每道题来讲，答案的数量是不一样的，因此在设计这个游戏时就需要针对具体情况具体设计，这道题有多少个答案就设计多少关，只有把游戏上设计的关数都闯完才算闯关成功。要以小组为单位，通过抢答的形式进行，看哪一组回答的分数最多就为获胜组。

【合作要点】

六至八人合作，互相讨论、互相交流，并以最快的速度抢答，训练协调和反应能力。

【游戏目的】

让学生在思考相关教学内容的问题时不会那么没动力，而是更加有激情。因为在回答问题的时候，学生同时是在玩闯关游戏，而学生都是很热衷玩有挑战性的游戏的，这样，他们在课堂上学习的时候就会更加有积极性。

【适用范围】

适用于一个教学内容有多个答案的课堂。

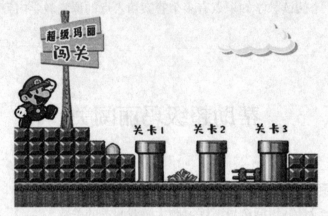

在多媒体平台上设置好过关的题目，具体画面可以随意设计

走出迷宫

【准备材料】

教师在电脑上设计好该游戏走出迷宫的每一步轨迹以及走出该迷宫需要走多少步（一步为一关）。

【游戏做法】

在阅读教学时，出示相应的思考练习题。当学生充分思考后，就在大屏幕上呈现"走出迷宫"的迷宫图，把学生分成四至六个小组，各小组合作讨论完成练习题。每个小组以抢答的形式回答问题，以最恰当的为胜。学生回答出一个最恰当的答案就让其在迷宫中走一步（过一关），直至把阅读思考问题的全部答案回答出来为止，这时候看哪个小组走迷宫的步数最多就为赢。

【过程说明】

对于每一篇阅读练习来讲，练习题的数量是不一样的，因此在设计这个游戏时就需要针对具体情况具体设计，这道题有多少个答案就设计多少步，至于每步怎么走、走多长，就完全由上课教师自己设计，只有把游戏设计的迷宫步数都走完，才算成功走出迷宫（完成练习）。

【合作要点】

六至八人合作，互相讨论、互相交流，共同完成相关任务，凝聚团体的力量。

【游戏目的】

激发学生思考相关阅读教学内容的积极性。因为在回答问题的时候，学生同时是在玩闯关游戏，而学生都是很热衷玩有挑战性的游戏的，这样，他们在课堂上学习的时候就会更加有积极性，有利于促进学生提高阅读能力。

【适用范围】

适用于中高年级学生巩固阅读练习或检测阅读学习情况的练习。

可以用白纸按照此示意图画出迷宫的路线图，设好关卡，给每
个小组一份，让学生按数字顺序过关"走迷宫"

我读最棒

【准备材料】

教师布置学生预先了解一些朗读方法，并提前按自己了解的朗读方法训练试一试。

【游戏做法】

在阅读教学上进行朗读教学时，把全班学生分成若干组，在他们朗读之前，老师要告诉他们现在要分小组进行朗读比赛，在读的时候每个小组都要互相讨论用什么方式朗读才会更有特色。可以选择自己喜欢的形式进行朗读，如唱着读、演着读、舞着读。读完之后老师为各小组点评，然后评选出"最佳朗读小组"。可以让读得最好的小组再为全班范读，读得不好的小组重新读，以提高朗读水平。

【过程说明】

朗读的文段可以由老师固定，也可以由学生自由选择一段最感兴趣的合作朗读。

【合作要点】

四至八人合作，互相交流讨论，分析本组朗读的优势，提出最佳朗读方式，合作完成朗读比赛。

【游戏目的】

可以让朗读的模式更加丰富，促进朗读水平没那么好的学生进步。这样就能够扬长避短，全班学生的朗读水平都会有所提高。

【适用范围】

适用于有需要朗读的阅读课堂教学。

七嘴八舌

【准备材料】

教师提前布置阅读中提出的问题，让学生思考并写下来，以备游戏时发言汇报。

【游戏做法】

在阅读课堂教学上遇到需要每个人发表不同见解的问题的时候，教师就让学生分成四人一个小组，每个小组成员通过"石头、剪子、布"的输赢来决定自己发表意见的顺序，赢了的最后发言。排在最后的成员在听了本组其他成员的意见之后，就要把小组成员的意见进行提炼概括并优化，形成新的意见。小组讨论后达成共识，成为整个小组最好的意见，并代表小组发言。教师根据各小组的发言进行点评，评选出优秀发言小组。

【过程说明】

玩这个游戏的时候，每个小组的成员都要发表意见，在别人发表意见的时候要认真聆听，最好做记录，这样在提炼小组各成员的意见时可以概括得更好。在代表小组进行二次发表意见时，一定要在原有意见的基础上进行优化，使自己发表的意见更全面。

【合作要点】

四人合作，你说我听，互相交流，归纳意见，达成共识，共同进步。

【游戏目的】

让每名学生都能够畅所欲言，并在听取别人的意见之后进行归纳总结，提高学生的听说能力。

【适用范围】

适用于需要交流、发表意见的阅读课堂教学。

我是小演员

【准备材料】

教师准备一些简易的、切合文章内容的表演道具。

【游戏做法】

选一段故事性强的内容，让学生通过语言、肢体动作、面部表情把故事的内容精彩地呈现出来。

【过程说明】

在表演的时候没有必要按照课文内容一字一句地表演，可以根据自己的理解对课文内容进行删减或增加，只需把课文的内容精彩地呈现出来。

【合作要点】

自由组合，互相帮助、交流和配合，共同完成表演任务。

【游戏目的】

通过表演可以帮助学生加深对课文的把握和理解，也可以让学生的胆量、表达能力、演绎能力得到锻炼和提高。

【适用范围】

适用于故事性比较强的阅读教学。

你读我演

【准备材料】

自制写有故事情节的硬纸卡片、表演要用到的简易道具。

【游戏做法】

教师选择课本中故事性较强的情节，如《完璧归赵》，让一名学生读出来，另外几名学生扮演故事中的人物，把听到的故事演出来。

《完璧归赵》故事情节

【过程说明】

学生演绎的过程中可以加入自己理解的内容，如人物的语言、动作、神态等，只要符合原文的意思就可以了。教师及时指出学生演绎的优缺点，帮助学生更好地理解文段内容。

【合作要点】

二至六人合作，训练学生根据个人特长分工合作进行"你读我演"，互相帮助、交流和配合，共同完成表演任务。

【游戏目的】

通过游戏，训练学生的听力、对文段内容的理解能力。通过表演，再现故事情节，在加深学生对内容理解的同时，启发学生的想象和团队配合意识。

【适用范围】

适用于故事性比较强的课文篇目，如成语故事、寓言故事、历史故事及叙事性的文章。

写我风采

【准备材料】

教师收集日常生活中一些人与人交往的情景图片。

【游戏做法】

首先，教师出示图片让学生自由组成若干讨论组，讨论图片中一些生活上经常遇到的有关礼仪活动的情节。如谈谈人与人交往时的礼貌用语及注意细节。讨论后，各小组找一位学生或几位学生在台上表演生活中的一个场景，如接待客人来访、向别人借东西、共聚晚餐、赠受礼物等。其余学生观看后把自己的所见、所闻、所感说一说，互相评议，把遗漏的部分添上，然后把内容写下来。

【过程说明】

大主题方向由老师来定，也可以选取课文中的一些片段来做主题。老师提前收集相关的图片、照片，让学生抽取其中一个内容进行表演，学生表演可自由发挥。但是无论老师或者演出学生，都应提前做好充分的准备，这样效果才会比较好。

【合作要点】

学生自由组合，一般是二至六人为一个讨论组。训练学生在互相讨论时敢于表达自己的主见。

【游戏目的】

通过游戏，让学生明白待人接物的礼仪，同时训练学生的语言表达能力和团结协作能力。

【适用范围】

适用于人物对话比较多的叙事性文章。

阅读传声筒

【准备材料】

写有"A、B、C、D"的标牌若干个，有相同复述内容的卡片若干个，隔音耳塞若干个。

【游戏做法】

以四个人为一组，首先让学生A看一段文字，字数约为一百字，时间为一分钟。经过一个过程（A→B→C→D）由学生D复述内容，再比较原文，看学生D能复述多少文字。各小组进行比赛，不同小组学生D复述文字多的一组为胜出组。

【过程说明】

所选内容文字是一定的，然后让学生A把所看到的内容复述给学生B，以此类推，学生B复述给学生C，学生C复述给学生D。另外，文字内容保密，当学生A看内容时，其他组员要隔离。学生A复述给学生B时，学生C和学生D也要隔离。以此类推，每一个人只能听到前一个人复述的内容。

【合作要点】

四人小组合作，训练学生互相合作、共同讨论掌握复述传递的要领，增强团结合作的凝聚力。

【游戏目的】

训练学生的阅读与理解能力、记忆能力和复述能力。

【使用范围】

适用于一些经典的背诵篇目，要在课文学习之前进行游戏。

各小组标牌参考图，从A到D传读

结局我做主

【准备材料】

故事没有结局的文章的PPT课件。

【游戏做法】

把学生分成若干小组，教师提前找好一个故事，制作成PPT课件，在课堂上用平台展示出来。教师事先故意把故事的结尾部分删掉，让各小组学生合作讨论完成，形成最完美的结尾后，再由一位小组成员把故事的结尾续写下来，然后各小组进行交流PK。最后教师公示原文的结尾部分，让学生对比品评各自结尾的精彩所在。

【过程说明】

所选内容应是学生未曾接触的,除了文字性的故事,也可以是动画或视频。鼓励学生发散思维,只要是合情合理、能自圆其说的结尾,老师都应给予肯定。

【合作要点】

四至六人合作讨论,达成一致结论。学生学会虚心采纳别人意见,善于发现别人的亮点。

【游戏目的】

训练学生的观察能力、逻辑思维推理能力、想象能力和写作能力。

【适用范围】

适用于一些开放性结局的文章,也可以用于阅读指导课。

小小画家

【准备材料】

找一些适合画简笔画的课文片段,制作成PPT;图画纸。

【游戏做法】

有些课文的某一片段是可以让学生在阅读理解的基础上画出简笔画,然后加以叙述的。如《鲸》一课,鲸的生活习性一段中有两处,一处讲鲸的呼吸,一处讲鲸的睡觉。教师先让学生阅读该部分文字,然后根据各自的理解画出能体现内容的简笔画。学生分成若干小组讨论完成,教师巡视后,各小组选出一名学生展示自己的简笔画,并让学生指着自己的简笔画,结合课文内容进行解说。最后,各小组根据大家的复述再进行组内交流,修改自己的作品。

【过程说明】

先让学生自由组合一个讨论小组,可以是二至四人一个小组,建议不超过四人。整个讨论和学习过程学生是主角,老师起主导作用,关键是要启发、引导学生正确理解课文。

【合作要点】

二至四人自由组合，共同讨论如何画简笔画才能准确形象地表达出文中的内容，训练合作创新能力。

【游戏目的】

通过游戏激发学生的能动性，准确地抓住学生的兴奋点，"引爆"学生的内动能；与美术学科相融合；训练学生的阅读理解能力和成段表达能力。

【适用范围】

适用于一些说明性较强的文章篇目。

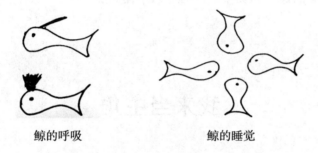

鲸的呼吸   鲸的睡觉

学生作品参考图

课题问问问

【准备材料】

空白卡片纸。

【游戏做法】

教师出示课文题目，让学生根据预习所得，结合课文内容，提出自己想要问的问题，写在卡片上，然后大家互相合作交流解答。

【过程说明】

学生自行组合讨论小组，针对所提出的问题进行互相解答。所提问题有些是与本课教学有关联的，有些是关联不大的，教师对每一组进行巡视筛选，选出有价值的问题加以肯定，并引导学生解决问题，为引出课文讲解服务。

【合作要点】

二至四人自由组合，互相提问、互相解答，合作学习，共同进步。

【游戏目的】

通过游戏，激发学生自觉自学课文内容，进行知识的梳理，鼓励学生在阅读中发现问题，进而进行独立思考，最终达到解决问题的目的，训练学生的质疑能力。

【适用范围】

适用于所有的课文，在第一课时导入中使用。

我来当主角

【准备材料】

找一些故事片段制作成PPT。

【游戏做法】

把学生分成四个小组。教师将收集的故事片段用PPT在平台上展示出来，学生阅读后，要求每个小组学生把故事情节中的主角换成自己，将故事再现出来，并在适当的地方加上自己的动作、语言、心理活动等元素，然后对比原文阅读。最后以小组为单位进行交流，谈谈各自表达的效果，学生之间互相提出建议。

【过程说明】

所选内容可以是课内的故事，也可以是课外阅读的故事，学生转变角色后，故事内容在总体不变的情况下，可以有所创新，只要前后相符，合乎情理即可。

【合作要点】

六至十人合作，互相提出自己的建议，学会帮助他人学习，共同进步。

【游戏目的】

通过游戏，让学生熟悉人称的变换，辨清人物的逻辑关系，以更好地理解内容，同时训练学生的逻辑思维能力、想象能力及写作表达能力。

【适用范围】

适用于写人叙事的文章篇目，在中高年级学生中进行。

小小采访员

【准备材料】

收集一则新闻人物报道的内容制作成PPT，准备话筒、记者证等简易道具和空白小卡片。

【游戏做法】

教师先将学生分成若干个小组，每组四至六人，然后出示一则新闻人物报道的PPT，学生阅读后，布置每人根据报道的信息提出至少五个问题，并将问题的提纲罗列在空白小卡片上，小组讨论出最感兴趣、最有价值的五个问题，在组内模拟采访。最后各小组派出代表进行情景再现：一人扮演新闻人物的主角，一人扮演记者进行现场采访，被采访人也要按问题要求作相应的解答。

【过程说明】

教师所选内容尽可能是学生能理解的、易于操作的，不能超出学生的认知范围。在采访游戏开始前，教师要教会学生采访需注意的问题，如举止礼貌、提问方式、站姿、结束后的总结等。也可以先播放一些正规采访的片段加以指引，让学生有模仿的正确方向。

【合作要点】

四至六人合作，互相讨论，达成共识，学会善于思考和提出问题，训练采访的技巧。

【游戏目的】

让学生在快乐的游戏中学会采访的实操能力、待人接物的礼仪，围绕一个主题如何选材、组织语言表达以及临场应变能力。

【适用范围】

适用于中高年级学生，在语文阅读实践训练中进行。

推荐好书

【准备材料】

空白卡纸、彩色笔。

【游戏做法】

学生平时阅读了许多故事书，教师要求学生把自己阅读过的故事书推荐给同学，并以推荐卡的形式绘写下来，绘写的内容包括书名、作者（含国籍）、故事梗概、推荐理由、推荐指数、推荐人等，并配上插图、涂上颜色，使推荐卡美丽大方、吸引人。

好书推荐卡模板

【过程说明】

推荐卡大小最好统一为32开卡纸，纵向。把学生分成四至六人一个小组，小组内讨论如何制作推荐卡，每个组员至少要提出一个建议帮助同学完善"好书推荐卡"。最后把全部推荐卡张贴出来，由全班同学投票评选出五张最吸引人的"好书推荐卡"。

【合作要点】

四至六人合作，为大家的推荐卡出谋划策，学会善于发现问题和提出解决问题的建议，互相帮助，共同提高。

【游戏目的】

通过制作推荐卡、教师评比等手段，鼓励学生积极阅读，并让学生在有效阅读的同时训练语言概括能力、表达能力。制作卡片与美术绘画相结合，培养学生的审美能力和实操能力。

【适用范围】

各个年级学生都适用。可以在语文综合实践课内进行，时间也可以延伸至课外。

人物猜猜猜

【准备材料】

课前布置同读一本书或一个故事。

【游戏做法】

全班学生课前同读一本书或一个故事、一篇文章，读完后让一名学生在讲台上模仿书中或文中某一个人物的动作、语言等，让其他学生猜一猜他正在模仿谁，并说出依据。

【过程说明】

游戏进行之前，必须有充足的时间让学生阅读，这个阅读时间可以在课外进行，课内玩"猜一猜"游戏时，只要提示是哪一本书或哪一个故事即可。可以把学生分成四个或六个小组，采取两两对决的方式进行比赛，即两个小组为一个赛事组，先A组内讨论推荐一名学生表演给B组猜，然后换B组派一名学生表演给A组猜。猜对比较多的一组获胜。

【合作要点】

六至八人合作，充分发挥小组个人专长，互相交流，为组员提出建议，凝聚团体合作精神。

【游戏目的】

通过游戏，让大家明白看书不是"水过鸭背——不留痕迹"的，而应关注人物细节，揣摩人物特征，这样的阅读更有效。同时，在快乐挑战之余，加深了对故事情节的理解，训练学生对阅读的再现、理解能力。

【适用范围】

各个年级学生都适用，可以在语文综合实践课内进行。

《将相和》合作学习游戏教学设计

【教材分析】

本课是部编版五年级上册第6课。选编这篇课文的目的是要让学生感受故事的曲折生动和人物形象的栩栩如生。读讲故事、感受人物形象是本课教学的重点，难点是把握《廉颇蔺相如列传》改写的一篇历史故事课文。课文通过《完璧归赵》《渑池之会》《负荆请罪》三个故事，突出表现了蔺相如临危不惧、足智多谋、顾全大局，廉颇知错就改以及他们二人为了国家利益团结协作的品质。三个小故事叙述形式相似，各有中心，既有相对的独立性，又紧密相关。文章篇幅较长，语言简练，人物个性鲜明。

【教学目标】

（1）认识十六个生字，读准三个多音字，会写十二个生字；理解"完璧归赵、无价之宝"等词语的意思。

（2）能尽量连成句地读课文，通过演读的游戏了解课文主要内容。

（3）有感情地朗读课文，并用自己的话讲讲这三个小故事的主要内容。

（4）通过人物的言行，理解人物的性格特点。

【教学重难点】

（1）抓住关键词句，品味人物言行，准确概括人物的性格特点，加深对课文内容的理解，进一步加强语言感知能力。

（2）学习并练习演读课文，感受三个小故事之间的联系。

【教学课时】

2课时。

【课前准备】

（1）多媒体课件。

（2）《史记》的相关知识、《史记》中《廉颇蔺相如列传》片段。

◆◆ 第一课时 ◆◆

【教学过程】

（一）游戏导入，激发兴趣

游戏一：一字生花

（1）教师在黑板上板书"和"字，引出游戏内容：说出含有"和"字的成语。

（2）学生玩"一字生花"游戏。

（3）预设含有"和"字的成语：以和为贵、政通人和、风和日丽、一团和气、和好如初、和睦相处、和蔼可亲……

（4）教师补充完整课题：将相和。

师：本文课题的"和"可以选择哪个解释？（和好如初）

游戏二：课题问问问

（1）教师根据题目，引出游戏内容：根据题目，你可以提出什么问题？

（2）学生玩"课题问问问"游戏。

（3）预设："将"指的是谁？"相"指的是谁？他们为什么"不和"？他们为什么"和好"？

设计意图：通过玩"一字生花"的游戏，让学生在复习"和"字各种含义的同时，为切入课题服务，自然过渡到本课的学习内容，让学生产生阅读的兴趣。通过玩"课题问问问"游戏，激发学生回忆自己课前预习所知，使教师初步了解学生对课文内容的掌握情况，明确文章要让学生解决的问题。

（二）学习新课，探究主题

1. 找准矛盾焦点，形成探究主题

（1）师：题目是《将相和》，那肯定有不和的时候，为什么不和呢？快速浏览课文，看看廉颇是怎么说的。

（2）学生读文，找到第16自然段廉颇说的话。教师PPT课件出示：

"我廉颇立下了那么多战功，他蔺相如就靠一张嘴，反而爬到我头上去了。要是我碰见他，一定要让他下不了台！"

（3）师：你知道廉颇为什么这么说吗？让我们一起走进《史记》中描写蔺相如和廉颇的片段。（出示课件）

"廉颇者，赵之良将也。赵惠文王十六年，廉颇为赵将，伐齐，大破之，取阳晋，拜为上卿，以勇气闻于诸侯。蔺相如者，赵人也，为赵宦者令缪贤舍人。"

（4）师：看了这些资料，你有什么感受？（学生交流廉颇内心的不服气）

（5）师：你是不是也会为廉颇抱不平呢？请你把廉颇的心情通过朗读表达出来。

（6）学生自由练读后，教师指名读，师生共同评议。

（7）师：在廉颇的心目中，自己是身经百战、屡建奇功的大功臣，而蔺相如只会耍嘴皮子。那么蔺相如到底是不是只会耍嘴皮子呢？他的官职到底该不该升？

设计意图： 从"矛盾"出发，引出探究的主题，初步认识矛盾的焦点，引发学生探究的欲望。

2. 紧扣人物语言，丰满人物形象

探究《完璧归赵》这个故事。

（1）请大家自由读课文，找到描写蔺相如面见秦王说的话并做上记号。

① 学生自由读课文。

② 教师课件出示课文片段：

"这块璧有点儿小毛病，让我指给您看。"

"我看您并不想交付十五座城。现在璧在我手里，您要是强逼我，我的脑袋就和璧一起撞碎在这柱子上！"

"秦国的国君历来不守信用，我怕有负赵王所托，已经让人把和氏璧送回赵国了。如果您有诚意，先把十五座城交给我国，我国马上派人把璧送来。我们怎么敢为了一块璧而得罪强大的秦国呢？我知道欺骗了您是死罪，您可以杀了我，但请好好考虑我的话。"

③ 朗读"这块璧有点儿小毛病，让我指给您看"，思考：

璧有毛病吗？依据是什么？

蔺相如为什么要这样做？你从中体会到了什么？（学生交流：体会到蔺相如的机智、聪明……）

④ 指名读"我看您并不想交付十五座城……我的脑袋就和璧一起撞碎在这柱子上"。

小组讨论：蔺相如真的会撞吗？他为什么要这样做？

师：蔺相如为什么要这样做？你从中体会到了什么？

（引导：秦王对和氏璧爱不释手，蔺相如早已看在眼里。这是蔺相如使的金蝉脱壳之计）

师：除了金蝉脱壳之计，蔺相如还用了哪些计谋？请大家接着往下读，看看谁能最先找出来。

（学生读后交流，师相机引导：缓兵之计；瞒天过海；明修栈道，暗度陈仓；等等）

⑤ 师：蔺相如难道不怕秦王杀他吗？这可是欺君之罪呀！请大家再读蔺相如的话，揣摩一下秦王当时的心理。

（相机指导：蔺相如已摸透了秦王的心理：和氏璧已经送回赵国去了，杀了蔺相如也没有用，反而落下不讲信用的恶名，让天下人耻笑）

（2）师：从"完璧归赵"这个故事中，你能体会到这是一个怎样的蔺相如？（不畏强暴、机智勇敢）

游戏三：你读我演

（1）学生玩"你读我演"游戏：一人读《完璧归赵》的故事情节（故事情节卡片），其他学生听完后表演出来。

（2）学生评价，完善不足之处。

设计意图：通过让学生表演故事情节，不但学生加深了对课文内容的记忆与理解，更是训练学生把静态的文字动态化。在表演时，学生会加入自己理解后的动作、语言、神态等，更好地领悟人物的性格特征，突破本课的教学重点。

3. 深入人物角色，提升人物精神

探究第二个小故事《渑池之会》和第三个小故事《负荆请罪》。

（1）总结《完璧归赵》的学习方法，课件出示：

抓住人物的语言，体会人物的性格特征。

（2）学生自由朗读，找出相关语句体会。

（3）课件出示：

"您现在离我只有五步远。如果您不答应，我就跟您同归于尽！"

（4）结合《史记》原文，小组讨论蔺相如在渑池会面上的表现。（课件出示《史记》原文，师读）

"蔺相如前曰：'赵王窃闻秦王善为秦声，请奏盆缻秦王，以相娱乐。'秦王怒，不许。于是相如前进缻，因跪请秦王。秦王不肯击缻。相如曰：'五步之内，相如请得以颈血溅大王矣！'左右欲刃相如，相如张目叱之，左右皆靡。于是秦王不怿，为一击缻。"

（5）师：这又是一个什么样的蔺相如呢？（不畏强暴）

（6）师：而这样的蔺相如却被廉颇误解，如果你是蔺相如，你会怎么做呢？下面让我们来看看蔺相如究竟是怎么做的。（课件出示）

有一天，蔺相如坐车出去，远远看见廉颇过来了，他赶紧叫车夫把车往回赶。

"秦王我都不怕，还会怕廉将军吗？秦王之所以不敢进攻我们赵国，就是因为有我们两个人在。如果我们俩闹不和，就会削弱赵国的力量，秦国必然乘机来攻打我们。我之所以避着廉将军，为的是我们赵国啊！"

（7）师：同学们，如果你是廉颇，听到这样的话，你还会不服气吗？现在廉颇又会怎么做、怎么说呢？他们两个人最后的结果怎样？我们继续玩游戏！

游戏四：你读我演

（1）学生玩"你读我演"游戏：一人读《负荆请罪》的故事情节（故事情节卡片），其他学生听完后表演出来。

（2）学生评价，完善不足之处。

（3）师：通过同学们的表演，你感受到了廉颇是一个什么样的人？（知错就改）

设计意图：通过游戏的表演，让学生更好地领悟廉颇的知错能改，同时也让学生在表演中创设情境，感悟蔺相如的胸怀大度，以大局为重、不计个人得失的政治远见。

（三）课堂小结

师：同学们，蔺相如在"完璧归赵"和"渑池之会"中立了大功，官职比廉颇高，廉颇不服气，两人不和，最后廉颇知错就改，负荆请罪，二人和好。通过这几个小故事，塑造了大智大勇、宽容大度的蔺相如和知错就改的廉颇。二人和好还有更深一层的原因，那就是二人都有一颗爱国之心，多么有血有肉、性格鲜明的人物形象啊！这就是《史记》为我们塑造的经典人物，课后同学们可以走进《史记》，去认识更多这样的人物。

◆◆ 第二课时 ◆◆

【课时目标】

（1）揣摩课文语言，感受人物形象，体会课文着重用语言刻画人物形象的表达效果。

（2）理解《将相和》故事的意义，体验阅读名著的乐趣。

【教学过程】

（一）探究情节，整体感知人物形象

（1）复习本课的三个小故事：《完璧归赵》《渑池之会》《负荆请罪》。

（2）师：你喜欢其中哪个人物，谈谈原因。（学生交流）

（3）师：课文是怎样刻画人物形象的呢？请打开课本，快速默读课文，找出你认为描写人物最精彩的语句，谈谈体会。

设计意图：通过回顾情节，简单品评人物，初步感知人物的形象，为体会"以强欺弱、以弱胜强"做准备，然后快速进入对语言的揣摩和感受。

（二）品味语言，深入感悟人物形象

1. 研究《完璧归赵》

课件出示：

他怒发冲冠，说："我看您并不想交付十五座城。现在璧在我手里，您要是强逼我，我的脑袋就和璧一起撞碎在这柱子上！"

（1）勾画蔺相如这段话运用的关联词，谈谈朗读的感受。

（2）感悟用假设关系的句式来描写人物语言的效果，再在《完璧归赵》这个小故事中找出类似的语句，与同学交流。

（3）指导有感情朗读。

预设：蔺相如想了一会儿，说："如果秦国提出用城换璧，我国却不答应，那理亏的是我们。如果我们把和氏璧给了秦国，秦国却不给我们十五座城，那理亏的就是他们。我愿意带着和氏璧到秦国去。如果秦王真的拿十五座城来换，我就把璧交给他；如果他不肯交出十五座城，我一定把璧完好无缺地送回来。"

设计意图：*学生对人物的理解来自具体的描写，而且在第一课时已经有了初步的感受。因此，这里要做的就是直接将学生的目光引向人物语言。通过找假设关系的句式，体会表达效果，可以揣摩到人物的内心想法。*

2. 研究《渑池之会》（方法同上）

课件出示：

蔺相如说："您现在离我只有五步远。如果您不答应，我就跟您同归于尽！"

（1）文段中的语言是否也是用假设的句式来表现？这样有什么作用？（以不容商量的口气，逼秦王为赵王击缶）

（2）指导有感情朗读。

3. 研究《负荆请罪》（方法同上）

课件出示：

廉颇很不服气，他对别人说："我廉颇立下了那么多战功，他蔺相如就靠一张嘴，反而爬到我头上去了。要是我碰见他，一定要让他下不了台！"

蔺相如说："秦王我都不怕，还会怕廉将军吗？秦王之所以不敢进攻我们赵国，就是因为有我们两个人在。如果我们俩闹不和，就会削弱赵国的力量，秦国必然乘机来攻打我们。我之所以避着廉将军，为的是我们赵国啊！"

（1）课文是用怎样的表达方式来写他们的不同性格的？（蔺相如：反问、因果、假设；廉颇：对比）

（2）蔺相如的话传到了廉颇的耳朵里，廉颇是怎么想、怎么做的呢？（结合课文，理解"负荆请罪"）

游戏五：写我风采

（1）师课件出示《负荆请罪》课文插图，学生根据画面，结合对课文内容的理解，想象廉颇会对蔺相如说些什么，蔺相如会怎样说、怎样做，把他们见面的情景写下来。

（2）学生进行写作练习。

（3）学生交流评议，教师从旁指导、评价。

（4）《负荆请罪》与前面两个小故事有什么联系？（因果关系）

设计意图： 此处写话游戏，体现了读写结合的理念，意在使学生迁移运用课文中描写人物语言时所用的假设复句、因果复句等表达方式。

（三）拓展提升，揭示"和"的意义

（1）师：将：知错就改；相：真诚相待。最后他们怎样？（出示齐读）从此以后，他们俩成了好朋友，同心协力保卫赵国。

师："同心协力"四个字浓缩为一个字，就是课题中的——和。正是由于将相二人齐心协力保卫赵国，秦国很多年都不敢再来进犯赵国。这就是——将相和。

（2）师：这篇课文改编自《史记·廉颇蔺相如列传》。《史记》是一部很有价值的历史著作和杰出的文学著作，被当代文学家鲁迅称为"史家之绝唱，无韵之离骚"。想知道廉颇与蔺相如和好后，又发生了什么故事吗？感兴趣的同学可以去读一读《史记》这本书，你会感受到历史名著刻画人物形象的不同魅力。

设计意图： 紧扣课题，既是对故事意义的提升，同时又引导了学生由读一篇课文到读整本名著。

【板书设计】

将（因）完璧归赵　机智勇敢

相（因）渑池之会　不畏强暴　文谦武勇

和（果）负荆请罪　顾全大局

【教学评语】

《将相和》是根据我国优秀传统文化经典《史记·廉颇蔺相如列传》改编的，也是部编版教材的传统课文，脍炙人口，大家耳熟能详。课文由三个小故事组成，篇幅较长。怎样做到"长文短教"，收到好的教学效果呢？根据学情和课文由三个小故事组成的特点，笔者在教学中插入了各种游戏，通过形式多样的游戏激发学生参与课堂，深入探究文章内涵的兴趣，将沉闷乏味的课堂变得生动有趣。如在引入课文时，让学生玩"课题问问问"游戏，可以让学生发散思维，就自己课前的预习知识进行回顾与梳理。可能有些同学提出的问题与本文无关，甚至是天马行空，老师要善于引导，提取有价值的问题加以肯定，并让学生为寻求答案创设条件。在讲完故事后进行的"你读我演"游戏更是抓住了学生学习的兴奋点，让静态的文字动态化、可视化。一演一评，学生既全情投入课堂，又变被动输入知识为主动探究，对人物性格特征的理解尤为深刻。还可以训练学生听、说、读、思能力，增强课堂教学的实效性。第二课时的重点是让学生领悟写法。通过"写我风采"游戏，有效地进行语言文字的运用，实现了读写的有机结合。

《小岛》快乐合作学习游戏教学设计

【教材分析】

《小岛》主要写了一位将军登上小岛，看到了岛上恶劣的自然环境和艰苦的生活条件，但战士们却凭借着一腔热血和对生活、对祖国的热爱，想尽办法战胜恶劣的自然环境，尽量改善生活条件，忠诚地守卫着祖国的边疆，将军为此而感动，向战士们表达了崇高的敬意。

文章第1自然段介绍了小岛的特点，并引出岛上的战士。中间部分主要写将军登上小岛后的见闻，重点写了小菜园和吃饭两个场景，其中有伏笔、有照应，故事情节引人入胜。文章的最后两个自然段写将军离开小岛时的表现，从中可以体会出将军对边防战士崇高的敬意。教学时，要坚持以学生为本、以读为本，把"读"贯穿整个课堂教学。通过有声有色的读文，学生可以更多、更直接地与文本对话，在文本语境中同人物进行心灵对话，使课堂教学回归语文教学的本色。通过不同形式的读，学生可以在读的过程中体会到作者所要表达的思想感情，领悟到文章的表达方法。

【教学目标】

（1）会认"瞒、域、艇"等十二个生字。

（2）正确、流利、有感情地朗读课文，熟悉课文内容，能用将军的口吻讲述自己登上小岛后发生的故事。

（3）了解岛上边防战士艰苦的生活，体会战士们的精神品质。

（4）准确理解最后两个自然段的内容，感受文章表达的思想感情。

【教学重难点】

（1）用将军的口吻讲述岛上发生的故事，了解岛上边防战士艰苦的生活。

（2）体会战士们的精神品质，了解文章所表达的思想感情。

【教学课时】

1课时。

【教学准备】

（1）预习提纲。

① 自读课文，认识生字词，不理解的词语通过查词典或其他工具书解决。

② 读课文，把课文读正确、流利，试着用将军的口吻讲述其登上小岛后发生的故事。

③ 找出埋下伏笔的句子，重点阅读最后一个自然段，感受作者的思想感情。

（2）多媒体课件。

【教学过程】

（一）创设情境，导入新课

1. 游戏导入，激发兴趣

游戏：课题问问问

（1）教师出示课文题目，学生根据题目提出感兴趣的问题。

（2）学生进行"课题问问问"游戏。

（3）预设问题：小岛有多大？在哪里？小岛的环境怎么样？谁去小岛，他去干什么？守岛的战士生活怎么样？……

（4）学生根据游戏提出的问题，小组合作，寻求答案。

2. 播放视频，创设情境

（1）课件出示：用多媒体播放一段关于海岛的视频，视频主要介绍海岛的位置、大小、气候、菜园、站岗的士兵等。

（2）学生看完视频，教师引导：这个海岛大不大？海岛上的自然条件怎么样？

（3）学生回答自己的看法。

设计意图：通过游戏设计的导入，加上视频资料的补充，与课文内容高度契合，比较直观形象，让学生初步感受海岛的自然环境，激发学生学习的兴趣，愉悦学生的情感，使学生迅速进入学习状态。

（二）初读课文，扫除文字障碍

（1）学生用自己喜欢的方式读课文，读准字音，不认识的生字词查字典或其他工具书，然后多拼读两遍。把课文读通，不通顺的地方再读一遍。

（2）汇报交流自读情况，解决生字词。

① 学生交流预习成果。

② 教师出示生字、词语课件，学生以各种形式拼读，教师适时强调读音，如"艇"易错读成"tíng"，"搅"易错读成"jué"。

③ 检查读课文，可以抽查，也可以轮读、分角色读。学生互相纠正，教师有针对性地进行指导和评价，对于读得好的学生要表扬到位，对于读得不好的学生要精确地指出其不足之处，然后加以鼓励。

设计意图：这是对学生预习成果的检查，也给学生提供了展示的机会，学生有了成就感、收获感，才会愿意预习。把集中识字与随文识字相结合，突出重点，注意结合学生的实际因材施教；注意形象性和直观性，力求给学生留下深刻的印象。

（三）再读课文，整体感知，复述故事

1. 再读课文，厘清文章脉络

（1）学生自由朗读课文，熟悉课文内容。

（2）抓住重点，梳理出文章的纲要。

提示：将军刚上小岛不久就发现了问题，这是怎么回事？将军为什么决定留在岛上吃饭？吃饭的时候发生了什么事情？结果怎样？

2. 复述故事

游戏：我来当主角。

（1）根据学习纲要，把将军换成"我"，将文章内容简要地复述出来。

（2）学生小组合作，进行"我来当主角"游戏。

（3）个别小组展示。

（4）师生评价、鼓励。

设计意图：用改变人称的形式复述，让学生在理解吸收的基础上讲述和转述原文的内容。这是对课文感知、体会、消化、理解、筛选、概括、归纳、表达的过程，是语感的训练、语言张力的训练。教师恰当的引导，起到"授之以渔"的作用，学生会有很大的收获。

（四）以问促读，深入学文

1. 学习第1自然段，概括小岛的特点

（1）学生读完第1自然段，概括提炼小岛的特点。（小、无名、荒凉、贫瘠）

（2）找出本段中的一个比喻句，品析它的表达效果。

（3）学生找出句子，教师出示课件。

无边无际的大海上，有一座小岛，远远望去，像一片云在天边浮着。

辨析：这个句子把小岛比作天边的云，天空无限大，白云相对来说非常小，这就生动形象地表现了小岛很小的特点。

2. 学习文章的第二部分

（1）学生边读课文，边思考下面的问题（教师出示课件）：

小岛上有哪些人？小岛上发生了什么事情？

（2）学生读完课文后交流、讨论、回答。

生：小岛上有驻防的海军士兵。

生：将军视察海岛，他发现虽然这里的环境恶劣、条件艰苦，战士们思念家乡，但是他们热爱祖国，克服重重困难，自力更生，想办法改善岛上的生活条件。将军被战士们忠诚于祖国、自力更生、艰苦奋斗、战胜困难的精神所感动，并向战士们表达了崇高的敬意。

师：在这一部分中，哪些情节给你留下了深刻的印象？你能将这些情节设计成问题并加以分析吗？

生1：将军在小岛上转到第五分钟的时候，发现了什么问题？战士们为什么这样做？表现了战士们的什么特点？

感悟：小岛远离大陆，蔬菜供应困难，战士们生活很艰苦，严重影响了身体健康。为了克服困难、改善生活，战士们自己开辟了一块菜地。另外，这里的自然环境恶劣，太阳炽晒，庄稼难以成活，战士们就用油布盖住菜地。由此可见战士们不怕困难的勇气，他们善于发挥自己的聪明才智，战胜恶劣的自然环境，改善生活条件。

生2：战士们的菜地有哪些与众不同的地方？表现了战士们什么特点？

感悟：菜地的土、种子都是战士们从家乡带来的，菜地构成一幅中国地图的形状。这表现了战士们热爱家乡、热爱祖国的精神。

生3：将军为什么临时决定留在岛上吃饭？表现了将军怎样的特点？

感悟：将军想把岛上种菜的方法推广出去，改善海岛驻守士兵的生活，提高部队的战斗力。可见将军是一个责任心强、热爱军队、关心士兵的好领导。

生4：在食堂里，将军一开始称战士们为"同志们"，后来又叫"孩子们"，这是为什么？

感悟：将军对战士们称呼的变化，说明将军太热爱这群可爱的战士了，他把战士当成了自己的孩子。

（3）游戏活动，加深理解。

游戏：你读我演。

① 根据课文内容，演一演文章的两个场景。

场景一：将军上岛视察发现问题，决定留下吃晚饭。

场景二：将军与战士共进晚餐。

② 学生分小组进行"你读我演"游戏。

③ 个别小组展示。

④ 师生点评、鼓励。

设计意图： 此环节的整体思路是：先整体感知内容，然后紧扣本文的学习重点着重探讨。在具体实施过程中，教师精心设计问题，以问题引导学生阅读，以阅读实现理解，最终达到教学目的。最后以游戏的形式让学生表演，再现故事情节，在加深对内容理解的同时，为下文表达将军的情感、文章的中心做铺垫。

3. 学习文章的第三部分

（1）读最后两个自然段，思考：将军除了热爱这群战士外，还怀有怎样的情感？从哪里可以看出来？

（2）学生反馈：将军对战士们怀有崇高的敬意。从他离开小岛时向着小岛敬礼的这个动作，就可以看出他对战士们崇高的敬意。

（五）拓展延伸，课后作业

（1）回家后，把课文中的故事讲述给家长听。

（2）小练笔：给守岛的战士们写一封信，表达对战士们的赞美和崇敬之情。

【板书设计】

小　岛

小岛：小　无名　荒凉　贫瘠

刚上岛时——发现菜地

将军　吃晚饭时——激动不已　热爱祖国

离开小岛——深深敬意　不怕困难

【教学反思】

课前让学生充分预习，学生已经非常熟悉课文，基本解决了字词方面的问题，所以这堂课进行得比较顺利。

熟悉阅读提示，紧扣学习重点。课文前边的"阅读提示"给我们指出了本课的学习重点，学习课文前，先充分阅读"阅读提示"，牢记本文的学习重点，以此为总目标，这样可以起到事半功倍的作用。

立足教材，以问促读，以读促悟，是学习本文采用的主要方法。紧扣本文的重点和难点来设计问题，每个问题都具有很强的启发性和导向性，学生带着问题去读课文，有章可循，容易达成阅读目的。学生的阅读是个性化的，不要强求达成一致的意见和见解。

在课堂中穿插形式多样的游戏，除了激发学生学习的兴趣之外，更多的是加深学生对内容的记忆、理解和运用，让课堂体现的是在使用教材，而不是在教教材。

不足之处有：

（1）忽略感情朗读。这节课，学生自由读、结合体会读得比较多，但感情朗读指导被忽略了。

（2）评价激励不够。本堂课的气氛不够活跃，跟教师的激励不够有很大的关系。在课堂上，对于学生的回答，笔者的评价比较随意，缺乏激情，学生的情绪自然也不会高涨。可见，教师的评价激励调控着学生的情绪。

（3）课堂不够紧凑，学生在深入感悟人物情感、文章中心及参与游戏活动的时间不够充分。另外，学生的阅读理解能力参差不齐，步伐不一致，也是课堂进行不够流畅的原因之一，这是今后师生努力提升的方向。

《桥》合作学习游戏教学设计

【教材分析】

《桥》是一篇小小说，是部编版小学语文六年级上册第四单元的第一篇精读课文。作者用很短的篇幅塑造了一位老支书的光辉形象。本文按事情的起因、经过、结果的顺序记叙了老支书面对狂奔而来的洪水，以自己的威信、沉稳、高风亮节、果决的指挥，将村民送上了跨越死亡的生命之桥的故事。他把生的希望让给了别人，把死的危险留给了自己，甚至还牺牲了自己的儿子。他用自己的血肉之躯筑起了一座不朽的桥梁。这也正是课文以"桥"做题目的深刻内涵。

这篇课文在表达上通过环境描写渲染气氛，表现人物形象；多用简短的句、段来渲染紧张的气氛，推动情节发展。在环境描写时运用比喻、拟人等修辞手法，增强了表现力，凸显老支书的沉着、镇定、不徇私情等高尚品质。课文的结尾揭示了老支书和小伙子的父子关系，这让人既感到"意料之外"，又觉得在"情理之中"。这样的结尾达到了震撼人心的艺术效果。

选编这篇课文的目的是让学生了解小小说的特点，落实本单元的训练点：读小说，关注情节、环境，感受人物形象。引导学生通过抓住情节、环境和人物描写来感受人物形象，领悟作者的表达方法，并学以致用，创编故事。

【教学目标】

（1）知识能力目标：①掌握词语，有感情地朗读课文；②能读好文中的短句，把握文章的主要内容。

（2）过程方法目标：以读促悟，通过多层次、多形式的读来感悟课文，并创设情境，在场景的对比中理解人物的精神品质。

（3）情感态度目标：让学生逐步感受到老支书不徇私情、舍己为人的高尚品格。

【教学重难点】

（1）抓住文章中令人感动的句子，体会老支书的性格特点和光辉形象。

（2）体会小说中环境的作用、人物刻画的方法以及故事情节的巧妙设置。

【教学课时】

1课时。

【教学准备】

（1）多媒体课件。

（2）背景音乐。

【教学过程】

（一）情境导入，感受洪水的肆虐

（1）播放视频，说出情境。播放有关暴雨、洪水的视频，让学生用自己的话说说看到的情境。这个环节可以采用"你说我说，说更好"的游戏让学生把看到的情境说得更加深入，为后面的深入学习做铺垫。

（2）师：今天我们学习的课文《桥》，里面的村庄也经历了暴雨，那么这个村庄究竟会面临怎样的灾难呢？请同学们打开课本，大声朗读课文，注意读准字音，读通句子，难读的地方多读几遍。

（二）检查预习

（1）检查学生对生字词的预习情况，在学习生字词的时候采用"分小组个性读"的游戏：把全班同学分成三个组，每个小组用自己喜欢的朗读方式读相对应的词语。（出示课件）

咆哮　狞笑　放肆　势不可当

拥戴　清瘦　沙哑　豹子

窄窄　发抖　呻吟　倒塌

（2）各小组对比三组词语，思考自己组读的词语是形容课文中的什么的。（洪水、老支书、木桥）揭示这三组词语分别写了小说三要素中的"环境""人物""情节"。

师：一个特殊的日子，一场突如其来的洪水，一座窄窄的木桥，改变了一个村庄的命运。同学们，现在让我们共同走进这个黎明，把目光聚焦在这场洪水上面。

（三）朗读想象，感受洪水的凶猛与村民的恐慌

（1）师：朗读第1—6自然段并画出描写大雨和洪水的语句。选择你认为写得最生动的一个句子思考：这句话是从什么角度写的？你又发现了什么？（出示课件）在学习这一部分的内容时采用"找朋友"的游戏：文中描写大雨和洪水的语句要么使用了比喻的修辞手法，要么使用了夸张的修辞手法，要么使用了拟人的修辞手法。每个同学根据自己的喜好选择一种修辞手法，选择同一种修辞手法的同学坐在同一个小组进行讨论，畅所欲言地发表自己的见解，最终达成共识。

（2）分析洪水的比喻、夸张修辞，感悟烘托出的环境气氛。

①黎明的时候，雨突然大了，像泼，像倒。

师：这一句运用了夸张的修辞手法，写出了雨水之大，雨水的来势凶猛。这句话的表达好在哪里就由夸张组的同学来回答。

②山洪咆哮着，像一群受惊的野马，从山谷里狂奔而来，势不可当。

师：这一句运用了比喻和拟人的修辞手法，写出了洪水的来势迅猛、不可阻挡。这句话的表达好在哪里就分别由比喻组和拟人组的同学来回答。

（3）分析洪水的拟人写法，感悟句子的表达效果。

①近一米高的洪水已经在路面上跳舞了。

②死亡在洪水的狞笑声中逼近。

③水渐渐窜上来，放肆地舔着人们的腰。

④水，爬上了老汉的胸膛。

师：上述几句话都运用了拟人的修辞手法，就由拟人组的同学来回答（这几句话分别写出洪水的猖狂、可怕、恐怖、令人胆战心惊）。

（4）配乐朗读上述句子，感受洪水烘托出的紧张气氛，为故事情节和人物表现起铺垫作用。

（四）品味语言，激情诵读，感受老支书的光辉形象

（1）师：危急时刻，村民们是什么反应？请同学们快速阅读第3—6自然段，然后用文中的句子来回答。

学习这部分的内容采用"帮助超级玛丽闯关"的游戏。由于文中写村民在危急时刻的反应有三处，因此在设计这个游戏时就设计三关，如果学生能把这三处都找出来就算闯关成功。

师：从这三处的描写我们可以看出，村民此时此刻的反应是非常惊慌的。

师：村民的反应如此惊慌，那么老汉的反应又是怎样的呢？

（2）师：请同学们快速默读第7—23自然段，找出描写老汉的句子，圈出表现老汉特点的词语，想想老汉是一个怎样的人。

学习这部分的内容采用"走出迷宫"的游戏。由于文中能体现老汉的精神品质的句子主要有四处，所以在设计走迷宫步骤时只需要设计四步，如果学生把这四句话都找出来并说出老汉的精神品质就算走迷宫成功。

① 他不说话，盯着乱哄哄的人们。他像一座山。

这一句属于神态描写，写出了老汉镇定如山的精神品质。

② "桥窄！排成一队，不要挤！党员排在后边！"

这一句话属于语言描写，写出老汉舍己为人的精神品质。

③ 老汉突然冲上前，从队伍中揪出一个小伙子，吼道："你还算是个党员吗？排到后面去！"老汉凶得像只豹子。

这一句话属于动作描写，写出了老汉舍己为人、舍小家为大家的精神品质。

④ 老汉吼道："少废话，快走。"他用力把小伙子推上木桥。

这一句话属于语言描写和动作描写，写出了老汉的牺牲精神，为了他人，甘愿奉献自己。

总结：通过上述几句话的描述，老汉这个人物形象很饱满，尽情展现了他光辉的爱。

（3）对比：老汉：揪——推。

小伙子：瞪——推。

这两组词有矛盾吗？为什么？这里可以采用"你说我说，说更好"的游戏，让学生更透彻地领悟为什么这组词不矛盾。

（五）入情入境，升华情感，体会小说巧妙结局

（播放悲怆、凄婉的背景音乐）

（1）默读课文最后四个自然段，想象一下，老太太在坟前有着怎样的心情？这里也可以采用"你说我说，说更好"的游戏，让学生更深刻地感受老太太此刻的心情。

（2）谈谈为什么要让老妇人出现在桥前祭奠？

为了照应文中他们是父子关系，矛盾动作，揭示结局。

（3）谈谈为什么老汉揪出来的人是自己的儿子？

这是小说设下的悬念，揪出儿子推动了故事的发展和高潮。

（4）课件出示入党誓词：我志愿加入中国共产党，拥护党的纲领，遵守党的章程，履行党员义务，执行党的决定，严守党的纪律，保守党的秘密，对党忠诚，积极工作，为共产主义奋斗终身，随时准备为党和人民牺牲一切，永不叛党。

总结：在可怕的山洪面前，在生死关头，这位老人，这位党员，他舍己为人，用自己的身躯、自己的生命、自己的精神为全村人架起了一座生命之桥！

（六）小练笔

假如你就是那位老太太，或者是村民中幸存的一员，此时此刻站在这位老支书与小伙子的墓前，你一定有许多话想说。

选择一个人把他想说的话写下来。请把他写的话有感情地朗读给大家听。这里可以采用"我创意我做主"的游戏，给文章写一个更感人肺腑的结尾。

【板书设计】

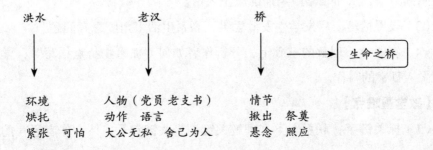

【教学评语】

这个教学设计使用了六个游戏，使这节课更加具有趣味性，能够做到寓教于乐，学生上起课来就不会觉得那么枯燥无味，更愿意自觉地参与到教学活动中来，使课堂教学达到事半功倍的效果。

《威尼斯的小艇》合作学习游戏教学设计

【教材分析】

这篇精读课文通过介绍威尼斯小艇的样子、船夫驾驶小艇的高超技术以及小艇的重要作用，为我们展示了威尼斯这座水上名城特有的风光。

课文从"我"的所见所感入手，首先交代了小艇是威尼斯的主要交通工具，接着介绍了小艇独特的构造特点，然后讲了船夫高超的驾驶技术，最后详细介绍了小艇与人们的日常生活息息相关。抓住事物特点并把人的活动同景物、风情结合起来进行描写，是本文的主要特点。

选编这篇课文的主要意图：一是使学生领略水城的风情，培养学生的审美情趣；二是使学生领悟作者的表达方法。

【教学目标】

（1）抓关键字，联系上下文理解关键词、关键句子，体会作者语言的精妙优美。

（2）通过朗读、品读，结合音乐，在理解文意的基础上，把课文语言蕴含的情感读出来，从而领略威尼斯的风土人情。

（3）设置情境，启发学生发散思维，联系生活多角度思考问题。

（4）在通读、理解的基础上，分析作者如何"抓事物特点描写"，学习和尝试融入日常的写作。

【教学重难点】

（1）抓关键字，联系上下文理解关键词、关键句子，体会作者语言的精妙优美。

（2）通过朗读、品读，结合音乐，在理解文意的基础上，把课文语言蕴含的情感读出来，从而领略威尼斯的风土人情。

（3）在通读、理解的基础上，分析作者"抓事物特点描写"，学习和尝试融入日常的写作。

【教学准备】

多媒体资源、课件。

【教学课时】

2课时（本课为第一课时）。

【教学过程】

（一）导入

（1）课外知识考题导入，通过展示世界著名城市的美丽景点图片，让学生抢答景点名称，引入意大利威尼斯。（这里可以采用"抢答我最强"的游戏）

（2）通过播放威尼斯的视频，了解威尼斯的概况，分析城市特点，并引出威尼斯的小艇 "因水而生"。

师：威尼斯美不美？除了美，还有个奇特的地方，那就是这是一座没有汽车的城市，因为威尼斯是一座什么城？（水城）视频中有个关键的四字词语，同学们有没有发现？

（二）学习课文

（1）了解作者马克·吐温，根据之前的学习回顾作者生平。

（2）学习生字，扫清阅读障碍，重点教授"艇、艄、舱、祷、翘"。

（3）提示威尼斯小艇的作用，结合视频引出"因水而生"，品读第1自然段，抓关键词"水城"，主要理解小艇在威尼斯的地位。

师：水城威尼斯因水而生，因水而美，其中小艇就扮演了一个重要角色，文中是怎么说的？（小艇成了主要的交通工具，等于大街上的汽车）

（4）师：请同学们快速默读课文，看看课文围绕小艇主要写了哪些方面的内容。（这里可以采用"我是小小汇报员"的游戏）

根据回答，板书"样子""技术""作用"，再和学生细细分析学生回答出来的小艇样子的特点、船夫的技术、小艇的作用各是怎样的。

① 小艇样子的特点。

第一，抓关键词"轻快灵活"，关键字"长、窄、深、翘"。

长、窄、深、翘——外形角度——独木舟、新月。（图片展示）

轻快——行动角度——田沟水蛇。（图片展示）

软皮垫——软硬角度——沙发。（图片展示）

总结：抓事物特点，通过细心观察、生活类比、连用修辞，生动形象地展示特点。

第二，选择一种诵读，用背诵方式来加深对小艇特点的理解，这里可以采用"分小组个性读"的游戏。

第三，启发思考：坐在这么奇特、轻快、舒适的小艇上，结合作者看到的景物，理解"说不完的情趣"。

第四，品读。用轻快音乐配合想象，抓关键字眼勾连诵读，然后用"挖空背"的方式进行背诵，最后做到全班都能背诵。

② 船夫的技术。

第一，抓关键词"操纵自如""挤""穿""稳"。

（操纵自如）船多——不乱；拥挤——挤；极窄——平稳（技术特别好）。

第二，不管……总（条件）……而且——递进关联。

第三，"飞快向后倒退"——侧面描写。

第四，老师总结：抓事物特点，通过细心观察、总分概述，巧用动词、关联词，生动展示人物形象。

第五，品读。用体育主播语速，配合音乐，抓关键字眼勾连诵读。

第六，小练笔。

归纳总结以上描写事物和人物形象特点的方法，联系学生生活，回想旅游看到的事物和人，尝试描述相关片段。

方法：细心观察，展开联想，生活类比，连用修辞，抒发感受；细心观察，抓住特点，选用精确动词，巧用关联词，抒发感受。

③ 小艇的作用。

威尼斯小艇的用途

时间	人物		事情
白天	商人	坐着小艇	做生意
	青年男女		高声谈笑
	保姆孩子		郊游
	老人全家		做祷告
夜晚	看戏的人		看戏、归途

第一，启发思考。

人们活动选取角度：商人做生意——经济生活；青年男女谈笑——感情生活；保姆陪孩子郊游——家庭生活；老人带全家祷告——精神生活。

（为什么要安排夜晚看戏的人散场来写）

第二，总结提示。人们日常生活，小艇出动，城市热闹，这是动态描写；月亮、石头建筑、桥梁倒影、小艇停泊、城市寂静，这是反衬，静态描写。

第三，品读。男女分动静朗读，配合音乐，感受动静之美。

（5）播放视频，再次欣赏威尼斯的水城风光。

（三）品读课文优美的句子

1. 教师展示课文中的优美句子

（1）古老的威尼斯又沉沉地入睡了。

（2）（小艇）消失在弯曲的河道中，传来一片哗笑和告别的声音。

（3）水面上渐渐沉寂，只见月亮的影子在水中摇晃。

2. 学生谈谈上述句子好在哪里

这里可以采用"你说我说，说更好"的游戏，让每个学生都发表自己的见解，最终整组成员达成共识。

3. 教师就学生的回答进行总结

（1）这一句运用拟人的修辞手法写出了威尼斯城夜的寂静。

（2）这一句写出威尼斯城夜的很多声音，凸显出威尼斯城夜的宁静。

（3）轻轻地"摇晃"，让我们感受到威尼斯城夜的静美。

总结：作者通过拟人写静，通过动态、声音反衬静，而这静则更突出了小艇与威尼斯城的关系——（密切），说明了小艇的——（作用大）。

（四）总结

师：到了这时，人歇了，船停了，城市进入梦乡了。可当第二天，曙光初露的时候，人醒了，船动了，城市又开始活跃了，多么奇特的异国风光，多么难忘的威尼斯小艇啊！这堂课，我们学习了作者是怎样细致地观察并抓住小艇的三个特点进行精彩描绘的，并领略了奇特的异国风光。

（五）布置作业

假如你是威尼斯船舶公司的一员，要求招揽游客乘坐你家小艇，请结合本文内容，发挥想象撰写一份介绍词。

【板书设计】

威尼斯的小艇

因水而生

样子——奇特

技术——特别好

作用——息息相关

【教学评语】

这个教学设计使用了四个游戏，使这节课更加具有趣味性，能够做到寓教于乐，学生上起课来就不会觉得那么枯燥无味，更愿意自觉地参与到教学活动中来，使课堂教学达到事半功倍的效果。